HISTORIQUE

DE LA

COMPAGNIE ANONYME

DE

MAGASINS PUBLICS & GÉNÉRAUX A BORDEAUX

(Autorisée par Décret du 2 Septembre 1863)

DEPUIS SON ORIGINE JUSQU'A SA DISSOLUTION

PARIS

IMPRIMERIE Vᵉ ÉTHIOU-PÉROU

RUE DAMIETTE, 2 ET 4

1873

SOMMAIRE

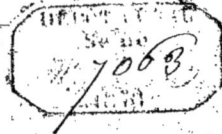

1873

(.)

Pages

HISTORIQUE

DE LA

COMPAGNIE ANONYME

DE

MAGASINS PUBLICS & GÉNÉRAUX A BORDEAUX

(Autorisée par Décret du 2 Septembre 1863)

DEPUIS SON ORIGINE JUSQU'A SA DISSOLUTION

La *Compagnie anonyme des Magasins généraux de Bordeaux*, au capital de 4,500,000 francs, a été autorisée par décret en date du 2 septembre 1863; sa mise en liquidation a été prononcée le 31 juillet 1872.

En moins de neuf années, les actionnaires auront perdu tout leur capital, et le produit de la liquidation ne couvrira certainement pas la totalité des créances privilégiées.

Ce désastre est d'autant plus extraordinaire qu'une entreprise de magasinage est assurément la moins aléatoire de toutes les opérations industrielles, et qu'en fait, l'exploitation proprement dite des Magasins de Bordeaux a donné du bénéfice, quelque modeste qu'il ait été.

L'historique de ce qui s'est passé, depuis l'origine de la Compagnie jusqu'à sa dissolution, suffira pour démontrer que la ruine de cette Société provient uniquement des agissements de ses Administrateurs et des fautes graves qu'ils ont commises.

CHAPITRE PREMIER. — Préliminaires.

La Compagnie des Magasins Généraux de Bordeaux a été créée pour réaliser une spéculation des fondateurs de l'entreprise sur un terrain dénommé le *Domaine Brustis*.

Il existait encore en 1862, à la Bastide-Bordeaux, sur la rive droite de la Garonne, plusieurs propriétés importantes, qui s'étendaient depuis la gare du chemin de fer d'Orléans jusqu'au fleuve et qui étaient plus ou moins favorables à l'organisation de magasins publics. Une partie de l'ancien domaine Brustis appartenant à M. Lalanne, ancien notaire, et à MM. Eudel et Vrignault, se trouvait dans ces conditions; M. Lamarque, entrepreneur de travaux, et M. Bourson, banquier à Bergerac, s'associèrent pour faire une opération sur ces terrains d'une superficie d'environ 65,000 mètres.

MM. Lamarque et Bourson, après avoir obtenu de MM. Lalanne et consorts des promesses de vente à raison de **8 francs** et de **8 fr. 50 c.** le mètre, s'occupèrent de créer une Société qui pourrait prendre les terrains à **16 fr. 50 c.** le mètre, sans en discuter sérieusement le prix, et qui rembourserait, en outre, des frais d'études, plans, voyages, etc.

Ainsi qu'il sera expliqué plus loin (*page 21*), le résultat de leur opération était le suivant :

Prix de vente des terrains à la Compagnie.	1.045.246 fr. 29 c.
Il ne devait être payé à MM. Lalanne et consorts que. . .	510.427 69
Le bénéfice, *sans bourse délier*, était de.	534.818 fr. 60 c.

MM. Lamarque et Bourson s'occupaient de cette affaire depuis la fin de l'année 1860. Après avoir fait un mémoire très-séduisant accompagné de plans et dessins, ils cherchèrent à se procurer le patronage d'un établissement de crédit pour l'organisation et le lancement de l'affaire. Ils s'assurèrent préalablement le concours de M. Bénat, administrateur de la Compagnie d'Orléans, celui de M. Isoard, directeur du Sous-Comptoir du Commerce et de l'Industrie, de M. Gauchier, administrateur de cette Société, de M. Mérillon, magasinier et agent du Sous-Comptoir à Bordeaux, et d'un M. de Villiers. C'est en constituant ce premier groupe qu'ils espérèrent obtenir l'appui du *Sous-Comptoir du Commerce et de l'Industrie* et de la *Société générale de Crédit Industriel*.

Il a été tenu des procès-verbaux des conférences préparatoires antérieures à l'organisation de la Société. Ces procès-verbaux ont été transcrits sur un registre spécial qui a servi plus tard, et sans interruption, à la copie des délibérations du Conseil d'administration, lorsque la Compagnie a été constituée.

Le premier de ces documents est le procès-verbal d'une réunion qui a eu lieu le 11 juillet 1862, chez M. Lamarque.

Après un exposé des avantages de l'entreprise, des démarches déjà faites et des renseignements recueillis sur la valeur des terrains que MM. Lamarque et Bourson proposent d'apporter, il est constaté que dans une réunion précédente, tenue au Sous-Comptoir le 8 du même mois, il avait été arrêté ce qui suit, sauf ratification par le Conseil d'administration lorsqu'il serait définitivement constitué :

1° Que les terrains Brustis, offerts par MM. Lamarque et Bourson (environ 65,000 mètres), sont évalués au prix de 16 fr. 50 c. le mètre, *payables en espèces;* il est convenu qu'ils seront apportés ou vendus à la Société *par qui de droit*, après sa constitution et la réalisation de son capital ;

2° Que MM. Lamarque et Bourson n'ont pris engagement pour ces terrains que jusqu'à la fin de l'année courante, comme les propriétaires se le sont réservé eux-mêmes, si dans ce délai la Société n'est pas constituée et le capital souscrit ;

3° Que MM. Lamarque et Bourson, pour le cas où la souscription ouverte par la Société générale de Crédit industriel et commercial ne compléterait pas le capital, s'engagent à souscrire des actions jusqu'à concurrence d'une somme de 500,000 francs environ, étant bien entendu que les paiements des terrains et les versements sur les actions seront combinés de manière à ce que MM. Lamarque et Bourson ne puissent avoir d'avances de fonds à faire pour lesdits versements;

4° Que le Conseil d'administration de neuf membres se composera d'abord de MM. Bénat, Bourson, Gauchier, Isoard, Lamarque, Mérillon et de Villiers, et que deux places resteront vacantes jusqu'à nouvel ordre.

La réunion donne son adhésion aux conditions qui précèdent.

Ensuite, M. Gauchier, agissant comme fondé de pouvoirs de M. Mérillon, déclare apporter à la Société l'autorisation de Magasin Général de ce dernier, moyennant le prix minimum de 25,000 francs, prix que M. Mérillon croirait juste de stipuler à 40,000 francs.

La réunion ajourne toute décision entre ces deux chiffres et M. Gauchier maintient l'apport susdit.

M. Lamarque demande qu'il soit entendu que les frais d'études lui seront remboursés sur état, en sus du prix des terrains, ainsi que les avances qui restent à faire pour la constitution de la Société avant la réalisation de son capital et conformément aux statuts.

La réunion admet cette observation de M. Lamarque.

Un premier projet de statuts, dressé devant Me Cottin, notaire à Paris, fut signé le 17 juillet 1862, et le 7 août on remit un dossier complet à la *Société générale de Crédit industriel et commercial*. Le 16 du même mois, cette Compagnie répondait qu'elle ne pouvait pas se charger de l'émission du capital.

Il ressort bien clairement de ces premières conventions entre M. Lamarque et le Conseil d'administration provisoire qui vient de se constituer, que MM. Lamarque et Bourson ne sont que des intermédiaires offrant des terrains qui seront vendus *par qui de droit* et dont le prix sera *payable en espèces;* que si, par suite de l'insuffisance de la souscription qui sera ouverte pour la formation du capital, MM. Lamarque et Bourson souscrivent un certain nombre d'actions pour le compléter, et ce jusqu'à concurrence de 500,000 francs au plus, le montant de ces actions se compensera *avec une portion* égale du prix des terrains.

Sans connaître les conventions particulières qui existaient entre les propriétaires des terrains et MM. Lamarque et Bourson, il était facile de deviner que la somme de 500,000 francs représentait tout ou partie du bénéfice que ces derniers s'étaient réservé. La portion du prix à revenir aux propriétaires ne pouvait, en aucun cas, faire l'objet d'une prévision de compensation avec des actions souscrites, puisque le paiement de cette portion, étant subordonné à une purge hypothécaire, devait être stipulé payable en espèces.

———

CHAPITRE II. — Constitution provisoire.

———

§ 1er. — CONCOURS DE MM. BLOUNT ET Cie.

Après le refus de la *Société générale de Crédit industriel et commercial* et à la suite d'autres tentatives également infructueuses, MM. Bénat, Gauchier et Lamarque, délégués de leurs collègues, s'entendirent avec la maison Blount et Cⁱᵉ de Paris, qui consentit à prêter son concours à la réalisation du capital de la Société projetée.

MM. Blount et Cⁱᵉ se chargèrent d'ouvrir la souscription dans leurs bureaux aux conditions suivantes : une commission fixe de 50,000 francs, payable en 100 actions libérées ; une autre commission payable en espèces, à raison de 5 francs par action placée ; l'assurance du mouvement financier à venir de l'entreprise ; le remboursement des frais de publicité ou autres. Aucune de ces commissions n'était due, si la Société ne parvenait pas à se constituer et, dans ce cas, M. Lamarque devait partager avec MM. Blount et Cⁱᵉ les frais qui auraient été faits.

Ces conditions sont posées dans une lettre de MM. Blount et Cⁱᵉ en date du 4 novembre 1862, qui a été copiée sur le registre des délibérations du Conseil, au procès-verbal de la réunion du 5 novembre 1862.

§ 2. — Statuts provisoires des 7-8 Novembre 1862.

La retraite de M. Isoard et de M. de Villiers, après la rupture des négociations avec la *Société générale de Crédit industriel et commercial*, exigea la modification du projet de statuts du 17 juillet 1862, d'autant plus que M. Ed. Blount qui avait déclaré accepter les fonctions d'Administrateur devait y être porté comme membre du Conseil.

Cette modification eut lieu, et le nouveau projet de statuts provisoires fut arrêté par acte passé à la date des 7-8 novembre 1862, devant Mᵉ Cottin.

Aux termes de ces statuts provisoires :

Art. 4. — La Société a pour objet :

La création et l'exploitation de magasins publics ;

L'exploitation des magasins généraux, déjà existants, de M. Mérillon à Bordeaux ;

La création de tous autres magasins qui seraient établis, *soit sur les terrains du domaine de Brustis* à la Bastide-Bordeaux, soit dans tous autres immeubles qui seraient achetés ou loués par la Société.

Art. 5. — M. Gauchier, au nom de M. Mérillon, fait apport à la Société :

1° De l'autorisation du magasin général qui lui a été accordée par décret du 9 janvier 1861 ;

2° Et du droit à la location verbale des magasins déjà existants.

Art. 6. — Le fonds social est fixé à la somme de **7,000,000 de francs,** et divisé en **14,000 actions** de 500 francs chacune, qui seront émises en une ou plusieurs séries.

Le premier versement sur les actions sera au moins d'un cinquième (100 francs).

Art. 21. — Tous les frais pour les différentes études du projet, l'obtention de la concession et la constitution de la présente Société seront réglés et arrêtés par l'Assemblée générale sur la proposition du Conseil d'administration, et seront remboursés sur les fonds de la Société.

Art. 22. — A partir du jour où sera rendu le décret impérial autorisant la présente Société, et pendant la période transitoire de construction des magasins à établir, il sera payé annuellement aux actionnaires 5 °/₀ par an d'intérêt sur les sommes par eux versées.

Art. 28. — Le premier Conseil d'administration est composé ainsi qu'il suit :

> MM. Bénat.
> Blount.
> Bourson.
> Gauchier.
> Lamarque.
> Mérillon.

Art. 56. — Tous pouvoirs sont donnés à MM. Bénat, Gauchier et Lamarque pour consentir les modifications qui pourraient être exigées par le Conseil 'd'État et poursuivre la constitution définitive de la Société.

§ 3. — Souscription du Capital.

La souscription fut immédiatement ouverte chez MM. Blount et Cie, d'abord par voie de circulaire dans leur clientèle, et ensuite avec la publicité des journaux.

Dans une réunion des fondateurs à la date du 25 novembre 1862, il est rendu compte du résultat obtenu dans la première période de la souscription ; il y est dit qu'il n'a été souscrit que 5,311 actions, y compris la souscription pour laquelle M. Lamarque s'engage en échange de l'apport et de la vente des terrains, et qu'il reste par conséquent 8,689 actions à placer sur les 14,000 offertes ; que M. Blount est prêt à demander ce solde au public, par la voie des journaux.

Le 27 novembre. les projets d'annonces préparés par M. Lamarque sont adoptés en Conseil.

Le prospectus de l'émission indiquait la composition du Conseil d'administration ; il énonçait que le capital serait de 7,000,000 de francs, divisé en 14,000 actions de 500 francs chacune ; que chaque souscription devait être accompagnée d'un versement de 50 francs par action, et que 50 francs seraient encore versés lors de la répartition ; que la Société serait définitivement constituée lorsque les statuts auraient été approuvés et la Société autorisée par décret. Les souscriptions étaient reçues chez MM. Blount et Cie, banquiers à Paris, et chez M. Mérillon, à Bordeaux.

Dans une réunion du Conseil qui a eu lieu le 22 décembre 1862 et à laquelle assistaient MM. Benat, Blount, Gauchier et Lamarque, il est constaté que la souscription n'a définitivement produit que 8,118 actions sur les 14,000 créées. Dans ce nombre de 8,118 actions étaient comprises les actions souscrites par les Administrateurs, savoir :

> 100 par M. Blount,
> 200 par M. Bénat,
> 120 par M. Gauchier,
> 80 par M. Mérillon,

et un nombre indéterminé d'actions souscrites par MM. Lamarque et Bourson.

Nous n'avons pas pu retrouver dans les archives de la Compagnie les deux listes de souscription, d'abord de 5,311, et plus tard de 8,118 actions, de sorte que nous ne pouvons pas préciser le montant des premières souscriptions de M. Lamarque. Sa souscription définitive, arrêtée plus tard à 1,663 actions, n'a été signée que les 1er et 5 mars 1863 ; il résulte évidemment de ce fait et de diverses circonstances qui vont être exposées, que la souscription de M. Lamarque était un compte qui restait ouvert pour servir à compléter les souscriptions qui manquaient.

On peut remarquer de suite que, dans cette souscription, aucun des Administrateurs fondateurs ne dépassait le chiffre du bénéfice qui lui était assuré.

M. Blount ne souscrivait exactement que les 100 actions libérées acquises à sa maison en paiement de l'une des commissions qu'elle s'était réservées.

On verra plus tard que les 200 actions de M. Bénat ont été libérées avec l'argent provenant de M. Lamarque, et que M. Gauchier n'a libéré ses 120 actions que lorsqu'il a eu reçu 60,000 francs de M. Lalanne en l'acquit de M. Lamarque.

Enfin, M. Mérillon ne souscrivait qu'un nombre de 80 actions correspondant au prix de 40,000 francs que l'on a bien voulu lui donner pour la cession de son autorisation de *Magasin général*, autorisation qui n'avait aucune valeur vénale, puisque la Compagnie pouvait l'obtenir gratuitement par le décret qui devait l'autoriser, comme d'autres simples particuliers de Bordeaux l'ont obtenue à la même époque.

Le résultat de 8,118 actions souscrites seulement, au lieu de 14,000, était un véritable échec qui aurait dû faire renoncer à la formation de la Société, même en dehors d'autres considérations extrêmement graves que nous exposerons tout à l'heure.

Mais il avait été fait déjà des dépenses considérables de publicité que M. Lamarque et MM. Blount et Cⁱᵉ, ces derniers surtout, étaient menacés de perdre; la maison Blount et Cⁱᵉ se résignait peut-être difficilement à un insuccès, et puis chacun des Administrateurs voyait probablement avec regret échapper un bénéfice qu'il caressait depuis quelque temps. Quoi qu'il en soit, les Administrateurs présents à la réunion du 22 décembre 1862 décidèrent à l'unanimité que la Société se constituerait avec une *première série* de **9,000 actions,** formant un capital réduit à **4,500,000 francs,** sous réserve des autorisations à obtenir des administrations compétentes.

Il manquait encore 882 actions pour compléter ce total de 9,000 actions.

Chacun des Administrateurs, sauf M. Mérillon, y met alors un peu du sien, et le complément de 882 actions est souscrit, séance tenante, ainsi qu'il suit :

Par M. Bénat.	50 actions.
M. Blount	200 —
M. Gauchier	100 —
M. Lamarque	532 —
Ensemble.	882 actions.

C'est M. Lamarque qui fait naturellement le plus grand effort : il prend le solde.

Sur l'invitation du Conseil d'administration, MM. Blount et Cⁱᵉ adressèrent à tous les souscripteurs une circulaire en date du 26 décembre 1862, pour les informer que, la souscription ayant produit 9,000 actions, la Société allait faire les démarches nécessaires pour se constituer avec cette première série de titres : 50 francs par action étaient demandés à chaque souscripteur, avant le 15 janvier 1863, pour compléter le premier versement statutaire de 100 francs.

Le 3 janvier 1863, M. Lanseigne, ancien juge au Tribunal de Commerce de la Seine, est proposé pour faire partie du Conseil d'administration. Il fut admis le 7 janvier; une lettre l'en informa, et il y répondit par une adhésion écrite en date du 16 janvier 1863.

Dans la séance du 16 janvier 1863, à laquelle assistaient MM. Bénat, Blount, Gauchier, Lamarque et Lanseigne, il a été rendu compte du dépouillement du second versement de 50 francs et des protestations formulées par un certain nombre d'actionnaires qui pensaient que les termes de la circulaire du 26 décembre précédent changeaient les conditions de la souscription annoncée par les journaux, particulièrement en ce qui concernait l'importance du capital jugé nécessaire ; ils invitaient le Conseil à considérer leur souscription comme nulle et non avenue, et réclamaient le remboursement des sommes qu'ils avaient versées. Ces protestations ayant été adressées directement à MM. Blount et Cⁱᵉ, nous n'en avons trouvé qu'une seule dans les archives de la Compagnie, celle que M. le baron de Benoist et M. Henri de Benoist, souscripteurs de chacun 100 actions, ont écrite collectivement le 31 décembre 1862. Le Conseil autorisa MM. Blount et Cⁱᵉ à effectuer les remboursements qui leur seraient demandés.

Les actionnaires qui ne protestèrent qu'après avoir fait le second versement de 50 francs furent moins heureux, à en juger par des lettres échangées avec M. Dutaillis.

§ 4. — SOUSCRIPTION DE M. DALLÉAS.

Nous ne pouvons pas suivre les modifications qui se firent alors dans la liste des souscriptions ; nous ne savons pas si M. Lamarque aurait encore pris à sa charge toutes celles qui ont été annulées, mais il arriva, fort à propos, un incident qui permit sans doute de combler les vides.

La Compagnie venait de recevoir une proposition de vente ou de location d'un immeuble considérable situé à Bordeaux sur la rive gauche de la Garonne, appartenant à M. Dalléas et pouvant être facilement approprié à la destination de magasin.

Dans une séance du 31 janvier 1863, à laquelle assistaient MM. Bénat, Blount, Gauchier et Lamarque, M. Dalléas vint déclarer qu'il consentait à apporter son immeuble à la Société projetée, moyennant la remise de 800 actions de la Compagnie, au pair. Le 3 février suivant, l'acte d'apport fut signé devant Mᵉ Cottin, et une lettre écrite ce jour-là à M. Dalléas compléta cet acte.

M. Dalléas se trouva ainsi souscripteur de 800 actions.

La liste des souscriptions avait été complétée et close le 22 décembre 1862 ; mais elle avait été modifiée depuis par les demandes d'annulation dont nous ne connaissons pas l'importance ; nous ne pouvons donc pas savoir si les 800 actions attribuées à M. Dalléas ont été fournies par les souscriptions annulées, ou prises parmi celles qui devaient être appliquées à M. Lamarque, faute d'un nombre suffisant de souscriptions.

§ 5. — SOUSCRIPTIONS DE M. LAMARQUE.

Cette fois, bien que M. Lamarque n'ait signé sa souscription que les 1ᵉʳ et 5 mars 1863, la liste semble être arrêtée définitivement telle qu'elle sera publiée plus tard. M. Lamarque y figurera comme souscripteur de . . . . 1.663 actions indépendamment de celles qu'il a garanties :

Pour M. Bénat, administrateur.	200 —
Pour M. Gauchier, administrateur.	120 —
Et parmi les souscripteurs du public, pour M. Frazer.	50 —
Pour M. Vallès	20 —

Il était en réalité responsable de . . . . 2.053 actions sur lesquelles il n'avait été fait aucun versement.

Les engagements de M. Lamarque, pour un chiffre de 2,053 actions, représentent

3

un capital de 1,026,500 francs, à peu près égal au prix convenu du domaine Brustis, s'élevant à 1,045,246 fr. 29 c.

On pouvait, à la rigueur, ne lui demander aucun versement sur 1,000 actions correspondant aux 500,000 francs de bénéfice qu'on lui laissait faire, et encore ne fallait-il y consentir qu'après s'être bien assuré que ses conventions avec MM. Lalanne et consorts lui laissaient cet écart, qu'on n'avait plus le droit de paraître ignorer. Pour le surplus, il fallait le traiter comme un souscripteur ordinaire et exiger de lui le premier versement de 100 francs, si toutefois on le croyait solvable pour ce qui resterait à payer. En aucun cas, on ne pouvait exonérer de ce premier versement les actions souscrites par d'autres personnes, sous le prétexte qu'elles étaient garanties par M. Lamarque.

Comment pouvait-on espérer faire une compensation entre la portion de prix à payer aux vendeurs des terrains ou à leurs ayants-droit et des actions souscrites par M. Lamarque?

En réalité, la souscription de M. Lamarque n'a été qu'une souscription fictive.

Faut-il supposer (c'est la seule explication vraisemblable) que les administrateurs, dans leur désir de constituer quand même la Société, afin de ne perdre aucune chance de réaliser la spéculation faite sur le domaine Brustis, aient cru que M. Lamarque parviendrait à libérer plus tard sa souscription fictive en écoulant ses actions à la Bourse?

Devant l'insuccès de la souscription, les Administrateurs n'avaient qu'une conduite à tenir : prendre leur parti de la perte des dépenses de publicité ou autres, et rendre l'argent aux souscripteurs.

Ils ont manqué cette première occasion de renoncer à la constitution de la Société.

———⌇⌇———

CHAPITRE III. — Constitution définitive jusques et y compris la Première Assemblée des Actionnaires du 30 avril 1864.

—————

§ 1ᵉʳ. — DÉCLARATION A M. LE MINISTRE DU COMMERCE. — SES INSTRUCTIONS.

La formation de la Société au capital réduit à 4,500,000 francs n'avait été décidée, bien entendu, que sauf l'approbation des statuts par l'administration supérieure devant laquelle on poursuivait l'anonymat.

Le Conseil s'occupa de former le dossier qui devait accompagner sa demande à M. le Ministre du Commerce et des Travaux publics. Il le lui adressa le 18 février 1863, en lui écrivant :

« *Sur le capital social de 7,000,000 de francs, divisé en 14,000 actions de* « *500 francs,* **il a été placé,** *avec le concours de la maison de banque Blount et Cⁱᵉ,* « *dont le chef fait partie de notre Conseil d'administration, une série de* **9,000** « **actions, sur lesquelles il a été fait un versement de 100 francs.** »

Le fait du premier versement de 100 francs, effectué sur les 9,000 actions que l'on disait être souscrites, était *inexact.*

Il n'avait été absolument rien versé encore sur 3,388 actions ; il n'avait été versé que 50 francs sur 1,280 actions. Les 100 francs appelés n'avaient été versés que sur 4,332 actions.

M. le Ministre du commerce répondit, le 2 mars 1863, qu'il ne pouvait pas autoriser les *apports matériels ;* que le capital ne pouvait pas être divisé en deux séries et devait être définitivement réduit à 9,000 actions, si ce chiffre suffisait. Il demandait la justification de la souscription, recommandait particulièrement que l'on obtînt *l'adhésion* des souscripteurs à l'article 56 des statuts provisoires et signalait la nécessité de faire *renouveler les souscriptions.* Les pièces justificatives devaient être adressées à M. le Préfet de Police, appelé à donner son avis sur la solvabilité des souscripteurs.

§ 2. — Promesses de vente du 20 mars 1863.

Pour tourner la difficulté des apports matériels auxquels le Ministre s'opposait on eut recours à des *promesses de vente.*

Par acte passé le 17-20 mars 1863, en l'étude de Mᵉ Cottin, M. Dalléas consentit à la Compagnie une promesse de vente de son immeuble, sis à Bordeaux rues Foy et Ferrère, moyennant le prix de 400,000 francs, payable en espèces. Comme M. Dalléas était souscripteur de 800 actions, la compensation devait se faire par la libération de ces titres. En principe, la prévision d'une compensation entre une souscription d'actions et la vente d'un immeuble peut être fort dangereuse, si après les délais de purge l'immeuble ne se trouve pas complétement libre d'hypothèques ; mais l'honorabilité et la solvabilité de M. Dalléas étaient si notoires et si réelles, qu'il n'y a eu aucun inconvénient à traiter ainsi avec lui.

Par acte passé le même jour 20 mars 1863, en l'étude de Mᵉ Cottin, M. Lalanne et MM. Eudel et Vrignault, qui avaient accordé à M. Lamarque une prorogation de leurs conventions jusqu'au 1ᵉʳ janvier 1864, consentirent à la Compagnie une promesse de vente, le premier de 58,000 mètres, et les seconds de 7,000 mètres (ensemble 65,000 mètres sauf vérification des contenances), au prix de 16 fr. 50 c. le mètre, payable en espèces après l'approbation des statuts et la constitution de la Société.

C'est M. Lamarque qui a signé ces actes en vertu de procurations régulières de M. Lalanne et de MM. Eudel et Vrignault.

L'intervention de M. Lamarque, en qualité de simple *mandataire,* n'a pas pu tromper les administrateurs sur la portée des conventions dans lesquelles M. Lalanne et MM. Eudel et Vrignault n'étaient engagés que comme vendeurs de terrains payables *en espèces.* Ni dans l'acte de promesse de vente, ni en dehors de cet acte, M. Lalanne et MM. Eudel et Vrignault n'ont été engagés comme souscripteurs d'actions.

Il est vrai que la souscription de M. Lamarque à 1,663 actions avait été formulée en deux bulletins, l'un de 1,568 actions (1) en date du 1ᵉʳ mars 1863, et l'autre de 95 actions en date du 5 mars 1863.

La première souscription est conçue en ces termes :

« *En mon nom, et au nom de MM. Lalanne, Eudel, Vrignault et Bourson,* « *mes mandants, pour lesquels je me porte fort,*

« *Je soussigné A. Lamarque, ancien préfet, administrateur de la Compagnie* « *des Magasins généraux de Bordeaux, demeurant à Paris, rue de Milan, n° 10,* « *déclare souscrire quinze cent soixante-neuf actions de cinq cents francs chacune,* « *de la Compagnie des Magasins généraux de Bordeaux avec salle de vente pu-* « *blique.* »

---

(1) Ce bulletin porte à 1,569 actions la totalité des actions souscrites, mais il a été réduit à 1,568 pour satisfaire un autre souscripteur.

M. Lamarque, comme souscripteur, n'avait pas produit de pouvoirs réguliers de ceux qu'il disait ses mandants, et pour lesquels il souscrivait. Il s'était contenté de se porter fort pour eux, sans même fixer le nombre des actions afférentes à chacun. Jusqu'à de plus amples justifications, la Compagnie ne pouvait donc pas compter M. Lalanne et MM. Eudel et Vrignault parmi ses souscripteurs.

L'attention du Conseil avait dû être éveillée sur ce point, avant qu'il engageât la Compagnie dans l'acte de promesse de vente du 20 mars 1863, passé avec M. Lalanne et MM. Eudel et Vrignault; l'intervention de M. Lamarque comme *mandataire* des vendeurs après qu'il s'était simplement *porté fort* en leur nom, pour la souscription d'une quantité indéterminée d'actions, ne donnait pas matière à une équivoque dont les administrateurs pussent être dupes.

D'ailleurs, si les administrateurs avaient eu réellement l'idée d'une compensation ultérieure, entre la somme à payer à MM. Lalanne et consorts et une partie de la souscription de M. Lamarque, leur premier soin aurait été encore de se renseigner sur la situation hypothécaire des propriétés vendues, et ils eussent été bien vite convaincus de l'impossibilité de la compensation (1).

Malgré tout, nous ne voulons pas supposer que les administrateurs, connaissant parfaitement l'impossibilité d'une compensation, aient concerté avec M. Lamarque la rédaction de sa souscription, pour que le jour où l'on publierait, simultanément, la liste des souscriptions et les statuts mentionnant l'acquisition des terrains Lalanne et consorts, les actionnaires fussent portés à faire un rapprochement qui leur laissât croire à une compensation régulièrement prévue d'avance.

Nous dirons seulement qu'avant de passer l'acte de promesse de vente du 20 mars 1863, les administrateurs devaient mettre M. Lamarque en demeure de régulariser les souscriptions de M. Lalanne et de MM. Eudel et Vrignault, et d'effectuer le premier versement de 100 francs sur toutes les actions qu'il avait souscrites; il ne pouvait être fait d'exception tout au plus, au sujet de ce premier versement, que pour les actions correspondant au bénéfice réservé à M. Lamarque, si toutefois MM. Lalanne et consorts consentaient à lui transporter cette partie de leur prix. Et les administrateurs devaient lui déclarer que sans cela ils ne poursuivraient pas la constitution de la Société.

Les Administrateurs ont manqué cette deuxième occasion de renoncer à la constitution de la Société.

§ 3. — Lettres du 20 mars 1863, décidant l'ajournement des versements sur les actions souscrites par M. Lamarque ou garanties par lui.

Dans la séance du 20 mars 1863, à laquelle assistaient MM. Bénat, Blount, Gauchier, Lamarque et Lanseigne, les administrateurs ont décidé qu'il serait écrit à M. Lamarque une lettre dont la teneur suit :

---

(1) Le Conseil n'a réclamé que le 23 mars 1863 un état des inscriptions prises sur les terrains de M. Lalanne; cet état constatait:

180.305 fr. 12 c. d'inscriptions au profit de divers;
120.000　　» 　　une inscription au profit de M. Bourson.

300.305 fr. 12 c. . . . . . . Ensemble.

Un autre état, en date du 18 août 1863, constatait 26,393 fr. 57 c. d'inscriptions sur les terrains de MM. Eudel et Vrignault.

MONSIEUR,

Par acte passé devant Mᵉ Cottin, notaire à Paris, à la date de ce jour, vous avez, en qualité de mandataire de MM. Lalanne, Eudel et Vrignault, consenti une promesse de vente du domaine de Brustis, sis en Queyries, commune de la Bastide, à la Compagnie des Magasins Généraux de Bordeaux.

Par contre et conditionnel à la réalisation de cette vente vous avez souscrit :

1.569 actions de la Société, tant en votre nom qu'au nom de MM. Lalanne, Eudel, Vrignault et Bourson, pour lesquels vous vous portez fort.

Sous la même condition de réalisation définitive de la susdite vente, vous avez pris à votre charge la libération des actions suivantes que vous avez fait inscrire :

- 200 au nom de M. BÉNAT,
- 120 — M. GAUCHIER ;
- 20 — M. VALLÈS ;
- 50 — M. FRAZER.

1.959 ensemble, souscrites conditionnellement à la réalisation de la vente susrelatée.

En raison du caractère réciproquement conditionnel de cette vente et de la souscription de ces 1,959 actions, vous serez dispensé de faire tous versements sur ces actions, jusqu'au moment où la Compagnie se libérera du prix du domaine de Brustis ; nous avons autorisé les banquiers de la Société, MM. Blount et Cⁱᵉ, à vous remettre une déclaration relative à cet ajournement de versements.

Il est entendu que le paiement des coupons des actions remplacera celui des intérêts stipulés dans la première vente notariée pendant les quatre mois nécessaires pour les formalités, de manière à ce qu'il n'y ait pas double emploi d'intérêts à charge de la Société.

Il a été inscrit, en outre, sous votre nom, 95 actions qui sont destinées à être remises à divers journaux, si la Société parvient à se constituer définitivement, à titre de commission pour le concours par eux donné à l'affaire et notamment à la souscription. Il est entendu que c'est la Société qui doit libérer elle-même ces actions, ou remettre aux ayants-droit les fonds pour pourvoir à leur libération, et expliqué qu'elles n'ont été inscrites à votre nom que pour ordre, c'est-à-dire pour éviter de les inscrire au nom d'ayants-droit éventuels, et de leur remettre des fonds pour les libérer avant que la susdite commission ne leur soit définitivement acquise.

Veuillez agréer, etc.

Les Membres du Conseil d'administration spécialement autorisés par délibération du 16 courant et de ce jour,

Signé : BÉNAT, GAUCHIER.

Et que le même jour, on écrirait à MM. Blount et Cⁱᵉ :

MESSIEURS,

Conformément à la délibération du Conseil sous la date de ce jour, en raison de ce que les souscriptions de MM. Lamarque, Mérillon et Dalléas sont conditionnelles à la réalisation définitive :

Pour le premier, de la vente du domaine de Brustis ;

Pour le second, de son apport stipulé par les statuts ;

Pour le troisième, de la vente de son magasin ;

Et en raison de ce qu'il devra être fait compensation jusqu'à due concurrence, lors du paiement du prix desdites ventes ou apports, ces Messieurs sont dispensés de faire leurs versements jusqu'à l'époque de ce paiement, pour les actions respectivement souscrites par eux, et dont le détail suit :

	1° Tant en son nom qu'au nom de MM. LALANNE, EUDEL, VRIGNAULT et BOURSON, ses mandants, pour lesquels il se porte fort.	1.569 actions.
	2° Pour actions dont la libération est à sa charge :	
	inscrites au nom de MM. BÉNAT	200 —
M. LAMARQUE . .	— . . GAUCHIER	120 —
	— FRAZER	10 —
	— VALLÈS . . . . ·. . .	20 —
	ENSEMBLE POUR M. LAMARQUE.	1.959 actions.
M. MÉRILLON		80 actions.
M. DALLÉAS		800 —
	TOTAL	2.839 actions

pour lesquelles vous êtes autorisé à délivrer à MM. Lamarque, Mérillon et Dalléas des declarations

portant ajournement des versements afférents aux actions dont le détail précède, dans les conditions et jusqu'à l'époque ci-dessus indiquées.

Sur les listes de souscription M. Lamarque figure en outre pour 95 actions qui sont destinées à divers journaux en rémunération de leur concours, mais dont la remise aux ayants-droits est conditionnelle à la constitution définitive de la Société. Il est entendu que ces 95 actions ne sont portées au nom de M. Lamarque que pour ordre, c'est-à-dire pour éviter de les inscrire aux noms des ayants-droit éventuels et de leur remettre les fonds pour les libérer avant qu'elles ne leur soient définitivement acquises.

Après la constitution définitive de la Société, ces 95 actions et les fonds nécessaires pour les libérer intégralement seront remis aux ayants-droit, par l'entremise de M. Lamarque qui a fait avec eux, au nom et pour compte de la Société, toutes les conventions à ce relatives.

Veuillez, etc.

Les Membres du Conseil spécialement autorisés par la délibération
du 16 courant et de ce jour.

Signé : BÉNAT et GAUCHIER.

Les deux lettres qui précèdent et qui ont été écrites le jour même où l'on venait de traiter avec MM. Lalanne et consorts, vont dominer désormais la question qui nous occupe.

Il importe de remarquer qu'on a écrit à M. Lamarque :

« *En raison du caractère conditionnel de cette vente et de la souscription de ces* « *1,959 actions, etc.* »

Et qu'on a écrit à MM. Blount et Cⁱᵉ :

« *Et en raison de ce qu'il devra être fait compensation jusqu'à due concurrence* « *lors du paiement du prix desdites ventes ou apports, etc.* »

Encore une fois, la compensation qui a été possible avec M. Dalléas et avec M. Mérillon était impossible avec M. Lamarque.

On se demande si ces lettres sont la naïve expression d'une maladresse commise de bonne foi ou bien si elles ont été un moyen médité pour donner un caractère sérieux, en apparence, à la souscription de M. Lamarque, sauf à sortir plus tard, comme on le pourra, des difficultés qui en résulteront, après que le domaine Brustis aura été acheté, comme c'est l'essentiel.

En attendant, la Société pourra se constituer comme si tout son capital avait été réellement souscrit, et M. Lamarque obtient un délai pour trouver le placement des actions qu'il ne peut pas libérer lui-même.

§ 4. — Dépôt authentique de la liste de souscription. — Statuts définitifs.

L'instruction de l'affaire continuait à se poursuivre dans les bureaux de l'Administration à Paris et à Bordeaux.

Par une lettre du 16 mars 1863, la Compagnie avait communiqué à M. le Préfet de Police la liste des souscripteurs ; cette lettre affirme encore, dans les mêmes termes qu'au Ministre du Commerce, qu'il a été effectué un versement de 100 francs sur toutes les actions. On ne sait pas si MM. Blount et Cⁱᵉ ont été consultés sur la solvabilité de M. Lamarque, souscripteur de 1663 actions en dehors de celles qu'il a cautionnées.

Il n'a jamais été question du *renouvellement* des souscriptions, ni de *l'adhésion* à l'article 56 des statuts, ainsi que M. le Ministre l'avait recommandé ; on s'est empressé, au contraire, de faire enregistrer celles que l'on avait obtenues, afin de pouvoir les énoncer plus tard dans l'acte définitif de constitution : on était ainsi beaucoup plus sûr de les conserver (1). Les bulletins de souscription portaient adhésion *aux statuts qui seront approuvés par le Conseil d'État et autorisés par décret impérial;* les statuts provisoires ayant mentionné la création des magasins sur le domaine Brustis et les pouvoirs donnés aux délégués du Conseil dans l'article 56, la signature du bulletin constituait une sorte de blanc-seing donné aux Administrateurs pour l'acquisition du domaine de Brustis aux conditions qu'ils jugeraient convenables.

Le 25 avril 1863, MM. Bénat, Gauchier et Lamarque, avec le concours de M. Blount, ont fait le dépôt par acte authentique, devant Mᵉ Cottin, de la liste de souscription des 9,000 actions.

C'est le 26 août 1863 que les statuts définitifs de la Compagnie furent arrêtés par un acte dressé devant Mᵉ Cottin, et tels qu'ils devaient être approuvés plus tard par l'Administration.

Ces statuts maintiennent comme Membres du Conseil d'administration :

MM. Bénat,
Blount,
Gauchier,
Lamarque,
Lanseigne,
Mérillon,

et même M. Bourson (2) qui était en faillite depuis le 15 juin 1863, et au nom duquel les 'Administrateurs délégués continuaient cependant à agir dans l'acte constitutif du 26 août 1863.

Les différences essentielles entre les statuts définitifs et les statuts *provisoires* des 7-8 novembre 1862 sont les suivantes :

Le fonds social est fixé à 4,500,000 francs au lieu de 7,000,000 francs ;

Le premier versement sur les actions sera au moins de 125 francs au lieu de 100 francs ;

L'article 21 qui stipulait le remboursement des frais d'études a été supprimé, ainsi que l'article 22 qui autorisait le paiement annuel de 5 °/₀ d'intérêts sur les actions, pendant la période de construction des magasins.

L'article 4 des statuts définitifs dit que l'exploitation aura lieu dans les magasins de M. Mérillon, en vertu de la cession relatée dans le préambule, et aussi dans les magasins de M. Dalléas et dans ceux à construire sur les terrains de La Bastide, acquis à la Société en vertu des promesses de vente mentionnées dans ledit préambule.

Voici le paragraphe du préambule qui concerne les terrains de La Bastide :

« *Enfin, par acte du 20 du même mois* (mars 1863), *aux minutes du même*

---

(1) Le prix de 16 fr. 50 c. le mètre auquel on avait acheté le domaine Brustis avait en effet causé un certain émoi à Bordeaux, où l'on connaissait la valeur du terrain et où l'on savait qu'à *la même époque*, les deux propriétés contiguës avaient été achetées à 4 francs le mètre. Les membres du Conseil ne devaient pas l'ignorer, attendu que deux d'entre eux, MM. Gauchier et Mérillon, figuraient parmi les acquéreurs de l'une de ces propriétés, le *domaine Faugas*.

(2) M. Bourson, banquier à Bergerac, l'un des fondateurs de l'entreprise, avait été déclaré en faillite le 15 juin 1863. Il avait envoyé sa démission d'Administrateur par une lettre en date du 29 juin 1863, et le Conseil n'a statué sur cette démission que dans sa séance du 19 septembre 1863, après la constitution définitive de la Société.

« notaire, MM. *Lalanne*, *Vrignault* et *Eudel* ont consenti également, au profit de la
« *Société projetée*, pour le cas où elle serait autorisée, une promesse de vente des
« *terrains qu'ils possèdent en Queyries à la Bastide.* »

Dans ce préambule, il n'est pas du tout question de M. Lamarque, ni comme
apporteur, ni comme vendeur, ni même comme mandataire des vendeurs.

Un décret du 2 septembre 1863 a autorisé la Société et approuvé ses statuts tels
qu'ils sont contenus dans l'acte du 26 août 1863 ; il a été inséré au *Moniteur Universel*
du 8 septembre 1863, en même temps que les statuts et la liste des souscriptions.

Le Conseil d'administration se réunit le 11 septembre 1863. Après avoir nommé
M. Blount président, et avoir pris communication du décret du 2 du même mois, il
décide que la Société est définitivement constituée ; il confirme en outre les pouvoirs
donnés à MM. Bénat et Gauchier, à l'effet de signer les actes définitifs de vente du
magasin Dalléas et des terrains Brustis.

Il eût été plus prudent d'ajourner la constitution définitive de la Société, c'est-à-
dire de ne faire aucune opération sociale, jusqu'à ce que le premier versement ait été
complété à 125 francs, ainsi qu'il avait été fixé par les statuts définitifs.

§ 5. — Cessions de M. Lalanne.

Dès le 10 septembre 1863, M. Lalanne, ayant appris que la Compagnie était enfin
autorisée, s'empresse de faire par quatre contrats passés devant M⁰ Robin et M⁰ Thierrée,
notaires à Bordeaux, diverses cessions qui s'élèvent ensemble à 406,560 francs.

Ces cessions ont été régulièrement signifiées à la Compagnie, le 12 septembre 1863,
par Levaux, huissier à Paris ; les acceptations en furent successivement signifiées
ensuite par Fraboulet, huissier à Paris, le 19 septembre 1863, et par Gendrier,
huissier à Paris, le 30 septembre 1863. Nous n'avons pas pu retrouver ces exploits
dans les archives de la Compagnie, mais nous les connaissons d'une manière certaine
par la mention qui en a été faite plus tard dans les quittances authentiques.

On ne voit pas dans les procès-verbaux des séances du Conseil la moindre trace
de l'émotion que ces premières significations de cessions, s'élevant à 406,560 francs,
causèrent aux Administrateurs ; leur émotion aurait dû être d'autant plus vive, qu'ils
savaient que les terrains de M. Lalanne étaient déjà grevés de 300,305 fr. 32 c. d'hypothèques inscrites en principal, sans compter les intérêts arriérés.

Lorsque le Conseil s'est réuni le 19 septembre 1863, il se borna à décider qu'en
prévision des paiements qu'il y aurait à faire, après la purge des hypothèques, pour
l'immeuble Dalléas, pour les terrains Brustis, pour l'apport Mérillon et pour les frais
de constitution sociale, on appellerait 75 francs par action, payables le 15 novembre 1863
et 75 francs payables le 15 janvier 1864, ce qui porterait à 250 francs les versements
sur les actions.

Le même jour, MM. Blount et Cⁱᵉ furent autorisés à payer, à ceux de leurs corres-
pondants qui avaient procuré des souscriptions d'actions, une commission de 5 francs
par titre, ce qui paraît faire double emploi avec la commission de même nature qu'ils
s'étaient fait attribuer par leurs conventions originaires du 4 novembre 1862 et qui
leur a produit 45,000 francs, comme si la souscription de la totalité des 9,000 actions
avait été sérieuse ; cette commission supplémentaire, calculée sur 3,837 actions, a
coûté 19,185 francs à la Compagnie.

Le Conseil est informé dans cette séance que l'acte de vente définitif de l'immeuble Dalléas a été signé le 17 septembre 1863 (1).

Le 26 septembre 1863, M. Lalanne, par contrat passé devant Mᵉ Cottin, fait à un M. Faure une nouvelle cession de 60,000 francs, qui a été signifiée à la Compagnie le 29 du même mois ; on verra plus loin que ce M. Faure n'a été que le prête-nom de M. Gauchier, Administrateur. Les hypothèques inscrites et les cessions s'élèvent maintenant à 766,865 fr. 12 c.

Les Administrateurs durent comprendre alors combien ils s'étaient compromis par la lettre qu'ils avaient écrite à M. Lamarque le 20 mars 1863, pour le dispenser d'opérer des versements sur 2,053 actions, sous le prétexte *qu'il devait être fait compensation jusqu'à due concurrence* lors du paiement du prix des terrains.

Ils auraient dû prendre une détermination énergique, ajourner les appels de fonds et convoquer immédiatement les Actionnaires pour les informer de ce qui se passait.

Bien au contraire, sans perdre un instant, le Conseil avait conclu l'acquisition de l'immeuble Dalléas et le faisait aménager avec tant de rapidité, que les marchandises ont pu y être reçues le 21 décembre suivant.

Les Administrateurs ont manqué cette troisième occasion de renoncer à la constitution de la Société.

§ 6. — ACTE DÉFINITIF DE VENTE DES TERRAINS LALANNE.

Le 2 octobre 1863, M. Lalanne fait sommation à la Compagnie d'avoir à passer le 5 du même mois l'acte définitif de vente de ses terrains, et il vient à Paris dans ce but. Dans l'un des entretiens que M. Lalanne a eus à ce propos avec Mᵉ Cottin, il lui a déclaré l'existence d'une servitude de passage sur les terrains, qui n'avait pas été révélée jusqu'alors.

Dans sa séance du 9 octobre 1873, le Conseil exprime l'avis que l'*incident présente une certaine gravité ;* que, dans tous les cas, la Société ne peut accepter la propriété que dans les formes et termes de la promesse de vente du 20 mars 1863, et qu'une signification sera faite à M. Lalanne pour avoir à livrer ladite propriété aux conditions convenues, dans le délai de quinzaine. En fait, la servitude dont il s'agit rendait les terrains Lalanne complétement impropres à l'usage spécial en vue duquel on les avait achetés.

Cet incident était certainement une véritable bonne fortune pour la Société. Malgré tous les faits antérieurs qui paraissaient irrémédiables, il se présentait une **quatrième occasion,** non plus de ne pas constituer la société, puisque l'acquisition Dalléas avait été un commencement de fonctionnement, mais au moins de ne plus faire l'acquisition déplorable des terrains Brustis, sauf à chercher un autre emplacement facile à trouver à bien meilleur marché et dans de bien meilleures conditions.

C'est la souscription fictive de M. Lamarque qui a sans doute été un obstacle à cette résiliation, car sa souscription n'aurait pas pu subsister ensuite sans une cause au moins vraisemblable, et le capital de la Société n'aurait plus été complétement formé, même en apparence.

On négocia une transaction avec M. Lalanne, qui consentit à une réduction de 50,000 francs sur son prix, comme indemnité pour la servitude ; malgré cette indemnité,

---

(1) Le 25 septembre 1863, M. Mérillon, après avoir régularisé son apport, s'empresse de donner sa démission. Il est décédé en 1867.

la servitude n'en devait pas moins rester si l'on n'achetait pas les terrains limitrophes au profit desquels elle existait. Ce fut M. Lamarque que l'on chargea de négocier cette nouvelle acquisition. Il acheta ces terrains au prix de 18 francs pour 8,044 mètres, et de 10 francs pour 970 mètres, soit un total de 9,014 mètres dont l'annexion aux terrains Lalanne devait donner une plus grande façade sur le quai, régulariser la forme de l'ensemble et détruire la servitude.

Le 2 novembre 1863, le Conseil invitait MM. Bénat et Gauchier, munis de pouvoirs spéciaux à cet effet, à procéder à la signature de l'acte de vente définitif des terrains Lalanne, ce qui eut lieu le 5 du même mois, M. Lalanne étant représenté cette fois par son frère, M. Lalanne, commissaire-priseur à Paris.

A cette même séance du 2 novembre, M. Lamarque demande au Conseil de lui donner acte :

1° De ce qu'il est resté complétement étranger à la réduction de 50,000 francs consentie par Lalanne ; que c'est pour n'entrer en rien dans cette diminution de prix qu'il ne s'oppose pas à ce que l'acte de vente définitif soit signé par le nouveau mandataire de M Lalanne, bien que, dit-il, son traité avec M. Lalanne lui donne le droit de signer lui-même au moyen des pouvoirs dont il a été nanti par lui en exécution de ce traité ;

2° De ce que les pouvoirs à lui remis par M. Lalanne ne parlent pas plus de la servitude qui a donné lieu à ladite indemnité de 50,000 francs, que n'en parle le traité susrelaté conclu entre M. Lalanne et lui ; d'où il résulte que M. Lamarque n'est pour rien dans l'absence de déclaration de ladite servitude, pas plus que dans la diminution de prix consentie par M. Lalanne ;

3° De ce que la signature de l'acte de vente définitif des terrains de Brustis, bien qu'ayant lieu à la connaissance de M. Lamarque, n'implique pas le moindre abandon de ses protestations contre les délégations indûment faites à divers par M. Lalanne, au mépris des droits de M. Lamarque, droits que celui-ci entend maintenir tels que le formule le traité susrelaté existant entre M. Lalanne d'une part, et MM. Lamarque et Bourson d'autre part.

Nous faisons la citation qui précède pour faire remarquer que, quoique ce soit pour la première fois que le registre des procès-verbaux fasse mention du traité existant entre M. Lamarque et M. Lalanne, les administrateurs devaient en connaître les détails depuis longtemps, à la façon dont on leur en parle sans exciter ni leur curiosité, ni leurs protestations. Nous verrons ce traité dévoilé prochainement dans un acte extrajudiciaire.

Le 15 octobre 1863, la Compagnie avait reçu une opposition de la Société du Crédit agricole, faisant défense de rien payer à M. Lalanne jusqu'à concurrence d'une somme de 78,000 francs pour billets souscrits par lui et restés impayés.

§ 7. — Modification de la souscription de M. Lamarque. — Les 200 actions Bénat et les 95 actions attribuées a des journalistes.

M. J. Berson, qui avait accepté les fonctions d'Administrateur par sa lettre en date du 12 octobre 1863, a assisté pour la première fois à la réunion du Conseil qui a eu lieu le 16 du même mois.

Dans la séance du 9 novembre 1863, où le Conseil a été informé que la signature de l'acte de vente définitif de M. Lalanne avait eu lieu le 5 du même mois, M. Bénat, pour des raisons faciles à deviner, déclare à ses collègues que sa première souscription de

200 actions n'a été qu'une souscription de complaisance, et que M. Lamarque doit être considéré comme le véritable titulaire de ces titres.

Il appuie son dire d'une lettre de M. Lamarque en date du 3 du même mois, que nous allons reproduire, parce qu'elle constate le caractère fictif de la souscription de M. Lamarque et les précautions que, les Administrateurs et lui, avaient prises pour surprendre la religion de M. le Ministre. Le Conseil décide que cette lettre sera transcrite sur le registre des procès-verbaux, et que le transfert des actions sera fait conformément à la demande des parties; en effet, le 14 novembre 1863, MM. Bénat et Gauchier signent un transfert de 200 actions (numéro 340 à 539) de M. Bénat à M. Lamarque.

Il n'avait été encore rien versé sur ces actions, et l'article 9 des statuts dit.:

« *Tout titre qui ne porte pas mention régulière de l'acquit des versements exigi-*
« *bles cesse d'être admissible à la négociation et au transfert.* »

Ce transfert qui privait la Compagnie d'un débiteur solvable était donc nul et constituait une violation flagrante des statuts.

M. LAMARQUE A M. BÉNAT.

3 Novembre 1863.

MON CHER MONSIEUR,

Lorsqu'il fut question de compléter la liste de souscription pour la porter à 4,500,000 francs, chiffre reconnu indispensable, je dus me charger d'un complément important en sus des actions que je m'étais engagé à souscrire, et dont le montant ne devait pas dépasser les deux tiers du prix des terrains de Brustis.

Ma souscription prit alors des proportions pouvant donner lieu à des observations de la part de l'autorité chargée de contrôler la liste. J'appelai l'attention du Conseil sur ce point, et par ce motif, et sous les conditions formulées :

1° Dans le procès-verbal de la séance du 20 mars 1863 ;

2° Dans la lettre du Conseil à MM. Blount et Cie à la même date;

3° Dans la lettre du Conseil à moi-même, à la même date ;

4° Enfin dans les lettres que nous avions précédemment échangées vous et moi, sous la date du 1er mars 1863, deux cents des actions souscrites par moi furent inscrites en votre nom, sous ma garantie et mon engagement de les libérer, et sous votre engagement de me les restituer indemnes dans un délai fixé par nos lettres du 1er mars précitées.

La régularisation de ce retrait pouvant avoir lieu aujourd'hui, sans inconvénient, il a été convenu verbalement entre nous que nous demanderions au Conseil de reporter à mon nom, en dressant les livres des actions et des transferts, les deux cents actions susrelatées.

A cet effet, je vous adresse la présente lettre, que vous aurez à transmettre au Conseil, en l'annexant à celle que vous lui écrirez vous-même pour le même objet.

Avis devra être donné de cette régularisation à MM. Blount et Cie par le Conseil, afin qu'ils y conforment leurs écritures, et en annulation de celle susrelatée en date du 20 mars 1863.

Même avis devra être adressé par le Conseil à vous et à moi, pour que cette opération soit dûment régularisée.

Ces formalités remplies, les lettres susrelatées, que nous échangeâmes le 1er mars dernier, deviendront nulles et de nul effet.

Veuillez, cher Monsieur, comme complément des formalités destinées à relater cette opération, m'accuser réception de cette letre, et croire, etc.   *Signé* : LAMARQUE.

Dans la séance du 30 novembre 1863, le Conseil décide que, conformément à sa décision du 20 mars précédent et à la lettre de la Compagnie à M. Lamarque en date du même jour, la Compagnie remettra à M. Lamarque 47,500 francs pour libérer 95 actions par lui souscrites, et qui serviront à rémunérer le concours des journalistes; que M. Lamarque, avant de remettre ces 95 actions aux ayants-droit, les libérera de 250 francs chacune au moyen de la somme ci-dessus, et qu'il les leur transférera ensuite en leur remettant l'autre moitié de la susdite somme, soit 250 francs par action, afin qu'ils puissent les libérer complétement au fur et à mesure des appels de fonds ultérieurs.

Le Conseil qui vient d'augmenter arbitrairement la souscription de M. Lamarque des 200 actions de M. Bénat, la diminue maintenant, au contraire, tout aussi arbitrairement de 95 actions.

En écartant la question de la réduction de la souscription de M. Lamarque, de même que la question de savoir si la rémunération des journalistes qui avaient surtout favorisé la spéculation de M. Lamarque ne devait pas être à sa charge personnelle, il semble qu'il eût été plus simple d'attendre l'époque à laquelle les 95 actions pourraient être libérées pour les remettre en cet état aux journalistes (1). On voit qu'on a imaginé quelque chose d'infiniment plus compliqué, et il en est résulté qu'à la date du 31 juillet 1872, jour où la liquidation de la Société a été prononcée, 69 actions sur les 95 devaient encore 13,323 fr. 32 c., en principal et intérêts de retard. De sorte qu'en résumé la Compagnie, après s'être privée du produit de 95 actions, est à découvert de 13,323 fr. 23 c. de plus.

§ 8. — Règlement des apports Dalléas et Mérillon.

Le 18 janvier 1864, il a été procédé au paiement de la propriété qui avait été vendue par M. Dalléas le 17 septembre précédent ; on lui a remis un certificat de 800 actions, libérées de 250 francs en représentation de la moitié du prix, et 204,680 fr. 02 c. en espèces pour solde de l'autre moitié avec les intérêts courus.

Le 25 janvier 1864, il a été également procédé au paiement de l'apport de M. Mérillon ; on lui a remis un certificat de 80 actions libérées de 250 francs et 20,000 francs en espèces pour solde.

Les sommes remises en espèces à M. Dalléas et à M. Mérillon, devaient être reversées ultérieurement par eux, pour la libération complète de leurs actions, au fur et à mesure des appels de fonds.

§ 9. — Saisies-arrêts de Lamarque et des syndics Bourson.

Le 9 décembre 1863, MM. les syndics de la faillite Bourson signifient à la Compagnie de ne rien payer hors leur présence, à M. Lalanne et à M. Lamarque sur le prix des terrains de Brustis.

Quelque temps auparavant, le 30 novembre 1863, M. Frazer, souscripteur de 50 actions sur lesquelles il n'a été rien versé et qui sont garanties par M. Lamarque, avait été nommé administrateur de la Compagnie.

Le 7 décembre 1863, M. Durand de Beauregard avait été nommé administrateur de la Compagnie.

Dans la séance du 29 février 1864, à laquelle assistaient MM. Bénat, Berson, Durand de Beauregard, Frazer, Gauchier et Lanseigne, il est rendu compte au Conseil de diverses oppositions et saisies-arrêts dont le détail suit :

1° Opposition, saisie-arrêt à la requête des syndics Bourson pour avoir paiement d'une somme de 159,951 francs, qu'ils prétendent être due à la faillite par Lalanne, signification du 17 février 1864.

---

(1) Le 9 janvier 1864, les actions de la Compagnie sont admises à la cote de la Bourse de Paris, et le 11 du même mois il y a eu deux cours cotés : 502 50 et 505.

2° Opposition, saisie-arrêt à la requête de Lamarque et des syndics Bourson, faisant défense de payer à Lalanne les sommes, effets et valeurs généralement quelconques que celle-ci lui doit sur le prix de vente du domaine de Brustis, acte signifié le 25 février 1864 par le ministère de Frécourt, huissier.

3° Opposition, saisie-arrêt à la requête de Lamarque et des syndics Bourson, faisant défense de payer à Eudel et Vrignault, toutes sommes et valeurs que la Compagnie leur doit sur le prix de vente du domaine de Brustis ; acte signifié le 25 février 1864 par le ministère de Frécourt, huissier.

C'est par les significations de ces saisies-arrêts, notamment par celles du 25 février 1864, à la requête de Lamarque et des syndics Bourson, que l'on a pour la première fois la communication officielle des conventions passées entre MM. Lamarque et Bourson, d'une part, et MM. Lalanne, Eudel et Vrignault, d'autre part. On y trouve constaté que M. Lalanne cédait ses terrains à 8 francs le mètre, dont 6 francs payables en argent et le surplus en actions libérées de la Compagnie à former; et que MM. Eudel et Vrignault cédaient les leurs à 8 fr. 50 c. le mètre, sur le prix desquels 50,000 francs seraient payés en argent et le surplus en actions libérées.

Sur ces bases, le compte des parties intéressées s'établissait comme suit ·

La Compagnie devait payer, après métrage contradictoire :

A Lalanne, 56,065ᵐ04 à 16 fr. 50 c. . . . 925.073 fr. 16 c.

A déduire : indemnité pour la servitude. . 50.000 »

————————— 875.073 fr. 16 c.

A Eudel et Vrignault, 7,283ᵐ22 à 16 fr. 50 c. 120.173 13

ENSEMBLE . . . . 995.246 fr. 29 c.

Si sur ce prix on attribuait seulement :

A Lalanne, 56,065ᵐ04

à 8 fr. le mètre . . . . 448.520 fr. 32 c.

Moins l'indemnité . . . . . 50.000 »

————————— 398.520 fr. 32 c.

A Eudel et Vrignault, 7,283ᵐ22 à 8 fr. 50. 61.907 37

ENSEMBLE . . . ————————— 460.427 fr. 69 c.

il revenait à Lamarque et aux syndics Bourson. . . . . 534.818 fr. 60 c.

Nous avons fait le décompte précédent pour faire ressortir, qu'alors même que MM. Lamarque et les syndics Bourson auraient eu une attribution liquide et régulière sur le prix des terrains pour la somme de 534,818 fr. 60 c. qui constituait leur bénéfice exorbitant, cette somme eût été encore bien loin de couvrir celle de 979,000 francs, qui correspondait aux 1,958 actions, restant à la charge de M. Lamarque, après défalcation des 95 données aux journalistes.

Mais la Compagnie n'avait pas à entrer dans le débat des comptes à faire entre ceux qui lui avaient vendu directement leurs terrains, et M. Lamarque et les syndics Bourson. Elle avait à payer en espèces à MM. Lalanne, Eudel et Vrignault, ou à leurs ayants-droit, la somme de 995,246 fr. 29 c., sans pouvoir leur opposer aucune compensation avec des actions qu'ils n'avaient pas souscrites, et que personne n'avait été régulièrement autorisé à souscrire en leur nom; MM. Lamarque et Bourson avaient seuls le droit d'agir contre eux pour exiger l'exécution de leurs conventions.

Cependant, le Conseil ne devait pas moins s'émouvoir en apprenant que M. Lalanne avait déjà compromis sur les 875,073 fr. 16 c. qu'il avait le droit de réclamer à la Compagnie, plus de 800,000 francs par hypothèques et délégations, quand, d'après MM. Lamarque et les syndics Bourson, il n'aurait dû toucher que 398,520 fr. 32 c.

Le 14 mars 1864, la Compagnie était assignée par M. Lamarque et les syndics Bourson en validité des saisies-arrêts du 25 février.

Le 2 avril 1864, il est signifié à la Compagnie par Levaux, huissier à Paris, deux nouveaux transports de M. Lalanne, en date du 25 mars précédent, l'un de 20,000 francs au profit d'un sieur Ruchon, et l'autre de 12,000 francs au profit d'un sieur Stanislas Castanet.

§ 10. — RÈGLEMENT DES DÉPENSES FAITES PAR M. LAMARQUE ANTÉRIEUREMENT A LA CONSTITUTION DE LA SOCIÉTÉ.

Le 28 mars 1864, le Conseil, dans une réunion à laquelle assistaient MM. Berson, Blount, Durand de Beauregard, Frazer, Gauchier et Lamarque, autorisa le paiement d'un compte présenté par M. Lamarque le 12 février précédent, pour frais de publicité, études, voyages, etc., qui avaient été faits antérieurement à la constitution de la Société, s'élevant à 50,175 fr. 35 c., sur lesquels il lui restait dû un solde de 15,675 fr. 55 c. Ce solde lui a été versé le 19 avril 1864.

Après avoir rappelé que l'article 21 des statuts provisoires des 7-8 novembre 1862, qui stipulait que les frais devaient être réglés et arrêtés par l'Assemblée générale, avait été supprimé dans les statuts définitifs, nous exprimerons notre étonnement de voir faire un paiement quelconque à M. Lamarque, lorsqu'il est débiteur de sommes très considérables envers la Société.

§ 11. — PREMIÈRE ASSEMBLÉE GÉNÉRALE DES ACTIONNAIRES, LE 30 AVRIL 1864.

Le 25 avril 1864, M. ROLLAND, négociant à Paris, avait été nommé membre du Conseil d'administration.

C'est le 30 avril 1864 que la *Première Assemblée générale des Actionnaires* a eu lieu sous la présidence de M. Blount, le Conseil d'administration étant alors composé de :

> MM. BLOUNT, Président;
> BÉNAT,
> BERSON,
> DURAND DE BEAUREGARD,
> FRAZER,
> GAUCHIER,
> LAMARQUE,
> LANSEIGNE,
> ROLLAND (1).

MM. Lamarque et Frazer n'avaient pas fait le dépôt de 50 actions exigé par les statuts.

---

(1) MM. Bénat, Frazer et Rolland sont aujourd'hui décédés.

L'Assemblée était composée de 26 membres, représentant 4,433 actions, parmi lesquels figuraient :

MM. LAMARQUE, administrateur, pour. . . . . 1,741 actions (1).

GAUCHIER, — . . . . 120 —

FRAZER, — . . . . 50 —

VALLÈS, ... 20 —

ENSEMBLE . . . . 1,931 actions

sur lesquelles il n'avait encore été fait aucun versement.

Le rapport présenté aux Actionnaires, après avoir rendu compte sommairement de la période d'enfantement de la Société, dit que le capital *étant réalisé* et les emplacements choisis, le Conseil avait poursuivi l'anonymat et obtenu le décret du 2 septembre 1863; que les achats conditionnels du magasin de la rive gauche et des terrains de la Bastide étaient dès lors devenus définitifs, celui du magasin Dalléas au prix de 400,000 francs et celui des terrains au prix moyen de 15 fr. 90 c. le mètre, non compris les frais d'actes.

Il est donné connaissance à l'Assemblée d'une balance des écritures arrêtée au 25 avril 1864.

Le compte *Actions* figure à l'actif pour 2,895,025 francs, c'est ce qui restait à encaisser et à appeler sur le capital. Comme on avait déjà appelé 250 francs par action, soit la moitié du capital ou 2,250,000 francs, il ressortait de ces chiffres qu'il y avait déjà 645,025 francs de *versements en retard*, et M. Lamarque devait à lui seul 482,750 francs sur cette somme.

Les *terrains de la Bastide*, encore impayés, sont portés à l'actif et au passif pour la somme de 1,011,234 fr. 46 c., qui a été réduite plus tard à 995,246 fr. 29 c. après le mesurage contradictoire.

Enfin les *frais de premier établissement* s'y élèvent déjà à une somme de 285,694 fr. 57 c. dans laquelle figurent 222,108 fr. 50 c. de frais de constitution sociale, sans aucun détail.

L'Assemblée a approuvé les comptes présentés, confirmé les pouvoirs des administrateurs en fonctions, et fixé les jetons de présence du Conseil à 25,000 francs par an.

L'approbation de la balance des comptes en bloc peut être considérée comme étant, implicitement, une approbation définitive de l'acquisition des terrains de la Bastide et des dépenses de toute nature qui ont été payées à propos de la constitution de la Société ; nous ne discuterons pas cette approbation inconsciente des actionnaires, quelle que soit notre opinion sur la moralité de la spéculation qui a été faite sur le domaine Brustis.

Le rapport présenté à la première Assemblée générale du 30 avril 1864 n'a pas dit un seul mot des conditions de la souscription Lamarque, ni des difficultés déjà si nombreuses auxquelles elle a donné lieu.

---

(1) La souscription originaire de M. Lamarque pour 1,663 actions avait été réduite à 1,568 par suite de la distraction des 95 données aux journalistes, et portée à 1768 après l'addition des 200 actions de M. Bénat.

27 actions négociées à divers avaient ensuite réduit le nombre des actions de M. Lamarque à 1,741.

§ 12. — Silence gardé par les Administrateurs sur la situation qu'ils ont faite a M. Lamarque.

Ce silence des administrateurs est si étrange qu'on serait disposé à croire qu'ils ont eu peut-être de très-bonnes raisons pour ne pas constater la situation de M. Lamarque dans un rapport destiné à l'impression, mais qu'ils l'ont fait connaître verbalement aux actionnaires.

Il est malheureusement établi que les Administrateurs ont toujours persisté à dissimuler cette situation avec le plus grand soin, même lorsqu'ils ont été questionnés très-catégoriquement sur la question.

Le fait est si grave que nous tenons à le prouver en reproduisant la correspondance qui a eu lieu à ce sujet entre M. Dalléas et la Compagnie.

M. DALLÉAS à M. Éd. BLOUNT.

Bordeaux, 6 Octobre 1864.

M. Ed. Blount, Président du Conseil d'Administration de la Compagnie des Magasins Généraux, à Bordeaux.

Monsieur,

J'ai l'honneur de vous accuser réception de votre lettre du 31 août dernier, qui ne demandait pas de réponse.

La présente a pour but de vous prier de me dire si je peux régulièrement me libérer dans les mains de M. le Directeur des Magasins Généraux de Bordeaux, du 5ᵉ versement de 60,000 francs sur mes 800 actions, et s'il est autorisé à inscrire ce versement sur mon certificat.

Veuillez, par votre réponse, avoir la bonté de me faire donner les numéros des *titres en retard de versement* que j'ai vainement cherchés dans le *Moniteur Universel* (1) et dans le journal d'annonces légales de Bordeaux, suivant les prescriptions de l'article 9 des statuts de notre Société.

Agréez, etc. Signé : A. Dalléas.

LA COMPAGNIE à M. DALLÉAS.

Paris, 10 Octobre 1864.

Monsieur,

M. Blount, Président du Conseil d'administration de notre Compagnie, nous a transmis la lettre que vous lui avez adressée le 6 courant au siège de sa maison de banque.

Nous nous empressons, Monsieur, de répondre aux demandes que vous voulez bien nous adresser : M. Lebarbier de Tinan, Directeur de l'exploitation des Magasins de la Compagnie, est autorisé à recevoir à sa caisse, de MM. les Actionnaires habitant Bordeaux, les versements appelés par le Conseil d'administration et à régulariser sur les certificats nominatifs d'inscription les paiements qui lui seront faits.

Quant à votre demande relative à l'insertion dans le *Moniteur Universel* des numéros d'actions en retard de versements que vous n'avez pas trouvée : avant de prendre une telle mesure, le Conseil, comme représentant et protecteur des intérêts de la Société, ayant les pouvoirs les plus étendus pour la gestion et l'administration de toutes les affaires sociales, doit mûrement apprécier la portée des décisions à prendre, et surtout leur opportunité, et bien que l'article 9 des statuts de la Compagnie lui donne le droit de faire cette insertion, il n'a pas encore jugé, dans l'intérêt de la Compagnie, l'opportunité d'une telle détermination. Agréez, etc.

L'Administrateur délégué,

Signé : Berson.

---

(1) M. Dalléas fait allusion à l'article 9 des statuts qui est ainsi conçu :

« A *défaut de versement à l'échéance, les numéros des titres en retard* sont *publiés comme défaillants* « *dans le* Moniteur Universel, *dans un journal d'annonces légales à Paris, et dans un journal d'annonces légales* « *à Bordeaux.*

« *Quinze jours après cette publication, la Société* a le droit *de faire procéder à la vente de ces actions, etc.* »

M. DALLÉAS à LA COMPAGNIE.

Bordeaux, 6 Janvier 1866.

M. Éd. Blount, Président du Conseil d'Administration de la Compagnie des Magasins Genéraux de Bordeaux.

MONSIEUR,

J'ai reçu votre lettre du 20 décembre expiré, qui m'informe que le Conseil a décidé l'appel du *versement complémentaire* de 50 francs par action.

Je verserai dans le délai indiqué, entre les mains de M. le Directeur de l'Exploitation à Bordeaux, le solde de mes 800 actions nominatives, en échange de 800 actions au porteur, que je vous prie de vouloir bien lui faire parvenir.

Le Conseil n'a pas fait droit à la demande que je vous ai adressée, le 6 octobre 1864, de me faire connaître les numéros des titres en retard de versements. Je vous renouvelle cette demande d'une manière formelle, Monsieur, faisant toutes mes réserves sur le silence du Conseil d'administration à cet égard.

Veuillez agréer, etc.

Signé : A. DALLÉAS.

LA COMPAGNIE à M. DALLÉAS.

10 Janvier 1866.

MONSIEUR,

Le Conseil a reçu communication de votre honorée du 6 courant, adressée à M. E. Blount, son Président, au siége de sa maison de banque.

Par cette lettre, vous nous demandez de vouloir bien faire parvenir à M. le Directeur de notre Exploitation à Bordeaux, 800 actions au porteur, pour procéder en temps utile à l'échange de votre premier certificat, après libération. Ces 800 actions seront préparées, mais le Conseil croit devoir vous faire remarquer que le retrait des titres s'effectuant à la caisse sociale à Paris, la Compagnie ne peut supporter les frais ni courir les risques d'un envoi de cette importance.

S'il ne vous était pas possible de faire opérer ce retrait à notre caisse à Paris contre décharge régulière, nous vous ferions cet envoi, mais entièrement à vos frais, risques et périls, et nous vous serions obligés de nous dire par quelle voie il devra être fait et la valeur à déclarer. (Par chemin de fer, cet envoi avec déclaration de 400,000 francs coûterait 664 fr. 20 c.)

Pour ne pas courir ces risques, en effectuant votre versement complémentaire et régularisant votre demande d'échange en temps utile auprès de M. le Directeur de l'Exploitation, nous pourrons conserver ces titres en caisse, si vous désirez profiter d'une occasion pour en faire opérer le retrait.

Relativement à votre demande de vous faire connaître les numéros des titres en retard de versements, le Conseil croit devoir vous informer qu'en vertu des pouvoirs que lui confèrent les statuts, il n'a pas attendu jusqu'à ce jour pour prendre des mesures à l'égard de MM. les Actionnaires en retard qui ont été invités à différentes reprises à régulariser leurs versements, que des actions judiciaires, dont plusieurs sont encore en cours, ont été intentées aux plus récalcitrants, et que l'effet de ces mesures, suivies pour la plupart de jugements rendus, a eu pour résultat de faire régler la position du plus grand nombre, et que s'il se trouve dans l'obligation de faire vendre des titres en retard de versements, il ne manquera pas d'en faire l'insertion dans les formes et journaux qui sont prescrits par les statuts.

Soyez convaincu, Monsieur, que le Conseil, comme représentant la masse des actionnaires, remplira la mission qui lui a été confiée dans l'intérêt de la Compagnie.

Agréez, Monsieur, etc.

L'Administrateur délégué,

Signé : GAUCHIER.

M. DALLÉAS A LA COMPAGNIE.

Bordeaux, le 20 Janvier 1866.

M. Ed. Blount, Président du Conseil d'Administration de la Compagnie des Magasins Généraux de Bordeaux.

Monsieur,

J'ai l'honneur de vous accuser réception de votre lettre du 10 courant, en réponse à la mienne du 6 du même mois ; en présence de son contenu, il est nécessaire pour moi d'établir nettement ma situation vis-à-vis de la Société des Magasins Généraux de Bordeaux.

Je suis porteur de 800 actions, c'est-à-dire le plus fort actionnaire de la Compagnie, c'est vous dire que je suis intéressé au plus haut point à connaître l'exacte vérité.

Votre circulaire du 20 décembre 1865 m'informait que le Conseil d'administration avait décidé l'appel du dernier versement de 50 francs par action. Une telle résolution pouvait à bon droit m'étonner, alors qu'à la date du 15 octobre précédent, avait eu lieu un autre appel de fonds, et que par suite les actionnaires, s'ils avaient tous acquitté les versements réclamés sur leurs actions, eussent déjà versé aux mains des caissiers de la Compagnie la somme énorme de 4,500,000 francs.

Je répondis cependant, le 6 janvier 1866, que j'effectuerais à la date indiquée par la circulaire, le versement réclamé ; mais en même temps, j'insistai de nouveau auprès de vous pour que le Conseil me fît connaître les numéros des titres en retard de versements, et le nom des actionnaires ; je voulais bien remplir mes obligations d'actionnaire, mais leur importance même me donnait le droit d'être renseigné sur la véritable situation des affaires sociales.

Ce n'était pas la première fois que je faisais entendre une semblable réclamation.

Dès le 6 octobre 1864, je vous écrivais : « Veuillez avoir la bonté de me faire donner les numéros « des titres en retard de versements, et le nom des actionnaires que j'ai vainement cherchés dans le « *Moniteur universel* et dans le journal d'annonces légales de Bordeaux, suivant l'article 9 des statuts « de la Compagnie.

Ma lettre du 6 janvier 1866 était encore plus pressante, elle vous disait : « Le Conseil n'a pas fait « droit à la demande que je vous ai adressée le 6 octobre 1864, de me faire connaître les numéros des « titres en retard des versements, et le nom des actionnaires, je vous renouvelle cette demande d'une « manière formelle, portant toutes réserves sur le silence du Conseil d'administration. »

Ces réserves ne me paraissent que trop justifiées aujourd'hui. Votre réponse du 10 courant m'affirme que le Conseil remplit la mission qui lui a été confiée dans l'intérêt de la Compagnie, mais elle ne répond pas à ma demande, elle s'y refuse même implicitement.

En présence de ces faits je dois vous prévenir que je refuserai d'opérer le versement complémentaire réclamé par votre circulaire du 20 décembre 1865.

Le chiffre énorme des sommes déjà versées, sans qu'on ait pu en voir l'emploi utile et justifié jusqu'à présent, les révélations douloureuses qui ont eu lieu dans un procès pendant devant la Cour de Bordeaux entre les vendeurs du domaine de Brustis et plusieurs des fondateurs de la Compagnie des Magasins généraux, l'aveu que fait votre réponse du retard apporté par de nombreux actionnaires à opérer leurs versements, le refus fait depuis deux ans par le Conseil d'administration de me faire connaître la véritable situation des choses, tout me fait un devoir de ne pas compromettre les intérêts importants que je représente.

Je puis regretter vivement, Monsieur, d'avoir à prendre une telle détermination, mais je vous prie de croire qu'elle a été assez réfléchie pour que vous puissiez être certain que je ne m'en départirai pas.

Agréez, etc.

Signé : A. Dalléas.

La Compagnie n'a pas répondu à cette lettre du 20 janvier 1866.

M. DALLÉAS A LA COMPAGNIE.

Bordeaux, 19 Mai 1866.

M. Ed. Blount, Président du Conseil d'Administration de la Compagnie des Magasins Généraux de Bordeaux.

Monsieur,

Je viens de recevoir une lettre en date du 17 courant, signée de M. Gauchier, en sa qualité de délégué du Conseil d'administration de la Compagnie des Magasins généraux de Bordeaux, aux termes de laquelle le Conseil d'administration m'invite à effectuer dans les caisses de la Compagnie le versement d'une somme de 40,000 francs dont je suis débiteur pour solde de 800 actions que je possède.

J'ai déjà eu l'honneur de vous expliquer dans ma lettre du 20 janvier 1866 les motifs pour lesquels je me refusais à effectuer le versement qui m'était demandé, tant qu'il n'aurait pas été fait droit à mes légitimes réclamations.

J'y rappelais que « le chiffre énorme des sommes déjà versées, sans qu'on ait pu en voir l'emploi « utile et justifié jusqu'à présent, les révélations douloureuses qui ont eu lieu dans un procès pendant « devant la Cour de Bordeaux entre le vendeur du domaine de Brustis et plusieurs des fondateurs de la « Compagnie des Magasins généraux, l'aveu même du retard apporté par de nombreux actionnaires à « opérer leurs versements antérieurs, le refus fait depuis deux ans par le Conseil d'administration de « me faire connaître la véritable situation des choses, tout me faisait un devoir de ne pas compromettre « les intérêts importants que je représente. »

Je pourrais ajouter encore à ces nombreux griefs la preuve que j'ai acquise et que j'ai entre les mains, de la dispense qu'a cru devoir faire le Conseil d'administration à l'un des actionnaires de son versement sur 2,054 actions.

Dans de semblables circonstances, je ne puis que m'en référer entièrement à ma lettre du 20 janvier 1866, en faisant, en même temps, toutes réserves utiles pour demander, s'il en est besoin, la liquidation judiciaire de la Compagnie.

Agréez, etc. *Signé :* A. DALLÉAS.

LA COMPAGNIE A M. DALLÉAS.

22 Mai 1866.

MONSIEUR DALLÉAS,

Le Conseil, dans sa séance de ce jour, a pris connaissance de votre lettre du 19 courant.

Il regrette d'avoir à vous compter parmi les retardataires pour versements appelés sur les actions de la Compagnie au moment de l'Assemblée générale convoquée pour le 29 courant.

Le Conseil ne comprend rien aux motifs que vous alléguez ; dans tous les cas, il est d'avis que nulle raison ne devrait vous empêcher de payer à la Société les sommes que vous lui devez.

Nous avons obtenu des jugements contre nos actionnaires en retard pour les contraindre au paiement, nous espérons que vous ne nous obligerez pas à vous compter parmi ces derniers.

Agréez, Monsieur, etc.

L'Administrateur délégué,

Signé : GAUCHIER.

———

Avant de nous livrer à l'examen des bilans et des rapports ultérieurs, nous consacrerons un chapitre spécial à la liquidation qui a été faite avec M. Lamarque.

———

CHAPITRE IV. — Liquidation Lamarque.

———

§ 1er. — ARRÊTÉ DE COMPTE EN DATE DU 21 AVRIL 1866.

Nous n'entrerons pas dans le récit des nombreux procès qui ont eu lieu entre M. Lamarque et les syndics Bourson d'une part, et M. Lalanne d'autre part. La Compagnie n'avait pas le droit de s'en mêler et elle n'y est intervenue que très-indirectement, en répondant le 14 avril 1866 par une déclaration affirmative à l'assignation qui lui avait été adressée la veille, à cet effet, par M. Lamarque et les syndics Bourson.

Ces débats ne se terminèrent, du moins en ce qui intéressait la Compagnie, que par un arrêt de la Cour de Bordeaux en date du 28 décembre 1865.

Cet arrêt fixa à 416,552 fr. 84 c. les droits de M. Lamarque et des syndics Bourson sur le prix à payer à M. Lalanne par la Compagnie; mais après qu'on aura satisfait aux délégations régulières de M. Lalanne et aux reprises de sa femme, il ne restera plus dû que 339,203 fr. 99 c. réduits à 323,607 fr. 91 c., distraction faite de 15,596 fr. 08 c. de frais.

Tout s'était réglé amiablement avec MM. Eudel et Vrignault.

C'est l'arrêt du 28 décembre 1865 qui constate que *M. Gauchier*, L'UN DES ADMINISTRATEURS, *a reçu de M. Lalanne payant en l'acquit de M. Lamarque une somme de 60,000 francs* : cette somme correspond exactement au montant des 120 actions que M. Gauchier n'a libérées que le 22 mars 1866, le jour même où M. Faure donnait quittance chez Me Cottin des 60,000 |francs que M. Lalanne lui avait transportés le 26 septembre 1863 : la quittance porte que le paiement a été fait hors de la vue des notaires.

Entre temps, la Compagnie avait été aux prises avec les plus grandes difficultés pour se libérer envers M. Lalanne ou ses ayants-droit. Elle n'aurait certes pas éprouvé ces difficultés si elle avait eu des fonds suffisants pour payer les créanciers inscrits et verser à la Caisse des dépôts le surplus du prix. Malheureusement, son capital restreint était engagé en grande partie dans les travaux considérables que le Conseil d'administration avait imprudemment ordonnés trop vite (1); d'un autre côté, M. Lamarque n'effectuant pas ses versements, il fallait qu'elle recourût à des appels de fonds très-précipités qui pouvaient émouvoir les actionnaires et les mettre sur la trace du déficit de la souscription de M. Lamarque. Elle ne se tira d'affaire qu'en atermoyant à la fois, autant qu'elle le put, et les paiements exigés par les ayants-droit de M. Lalanne et les appels de fonds.

On était vivement pressé par les créanciers inscrits, mais on pouvait gagner du temps pour le paiement de quelques-unes des cessions de M. Lalanne jusqu'à ce qu'elles fussent validées en justice (2).

Le 19 février 1866, M. Lamarque informa le Conseil que, par arrêt du 13 du même mois, la Cour de Bordeaux avait maintenu toutes les cessions faites par M. Lalanne, à l'exception d'une seule, de 147,000 francs, qui avait été retirée, et

---

(1) Le 22 février 1864, le Conseil avait adopté un ensemble de plans, devis et cahier des charges pour une première série de magasins à construire, et le 14 mars 1864 elle avait adjugé les premiers 1,200,000 francs de travaux à exécuter.

(2) Pour continuer la nomenclature des actes signifiés à la Compagnie, à propos du prix dû à M. Lalanne, nous mentionnerons encore :

Une signification en date du 3 juillet 1865, à la requête du syndic de Gustave Castanet, faisant défense de payer 110,000 francs dus par M. Lalanne à cette faillite pour billets souscrits;

Un commandement du 14 du même mois, à la requête de Landrau, cessionnaire de M. Lalanne pour une somme de 12,000 francs ;

Une signification de jugement et commandement, en date du 15 juillet 1866, à la requête des héritiers Darricarrère, créanciers inscrits sur les terrains de M. Lalanne.

que, par conséquent, la Compagnie allait se trouver dans l'obligation de payer les ayants-droit.

Ce règlement était compliqué. La Compagnie se trouvait non-seulement en présence des ayants-droit de M. Lalanne, mais encore en présence d'un arrêt rendu non au profit de M. Lamarque seul, mais de M. Lamarque et des syndics Bourson conjointement. Néanmoins les difficultés eussent été facilement vaincues, si on avait pu déposer les 600,000 francs environ qui restaient à payer, tant à propos des terrains de M. Lalanne que des terrains de MM Eudel et Vrignault ; mais à la date du 28 février 1866, lorsque tous les appels de fonds étaient faits, les ressources de caisse ne s'élevaient qu'à 310,000 francs environ. Il fallut chercher à s'entendre avec M. Lamarque, les syndics Bourson et autres, pour payer au mieux le solde restant dû. C'est dans ces circonstances que le Conseil, dans sa séance du 26 février 1866, invita M. Gauchier à se rendre à Bordeaux afin d'aviser aux mesures à prendre, de concert avec tous les intéressés.

Son premier soin fut de chercher à réaliser un emprunt de 300,000 francs par subrogation aux créanciers hypothécaires sur les terrains Lalanne, et cette affaire, qui a réussi quelques mois plus tard, a été difficile à conclure.

La Compagnie recevait le 7 mars 1866, une signification, à la requête de M. Lamarque et des syndics Bourson, des jugements rendus le 10 mai et le 28 décembre 1865 par le Tribunal de Bordeaux, et de l'extrait de l'arrêt de la Cour de Bordeaux, en date du 13 février 1866 (1).

Le 26 mars 1866, M. Lamarque écrivait à la Compagnie une lettre, qui a été enregistrée le 27, pour l'autoriser à imputer les sommes libres et disponibles, lui revenant dans la liquidation du prix de vente des terrains du domaine Brustis, aux actions souscrites ou garanties par lui.

Le 27 mars 1866, Mᵉ Lespinasse, notaire à Bergerac, signifiait à la Compagnie, par exploit de Mercier, huissier à Paris, un transport fait à son profit, par M. Lamarque, de tous les droits revenant à ce dernier dans l'affaire des Magasins Généraux, sauf une somme de 135,666 fr. 66 c.

Il fallut alors s'entendre avec les syndics Bourson et M. Lespinasse pour qu'ils donnassent leur adhésion à l'imputation demandée par M. Lamarque.

Le 18 avril 1866, le tribunal de Bordeaux rendit un jugement qui, entre autres dispositions, décide que d'ores et déjà, et sous la réserve des droits de tiers opposants ou prétendus délégataires autres que ceux admis par les arrêts, le solde devant revenir à Lamarque et aux syndics Bourson dans la somme qu'ils ont à prélever sur le prix du domaine Brustis, ne pourra être touchée par eux qu'à la condition de l'employer à la libération d'actions de la Compagnie des Magasins Généraux, en exécution de l'obligation contractée par Lamarque, tant en son nom qu'au nom de Bourson.

---

(1) La Compagnie recevait encore :

Le 10 mars 1866, commandement de Lafargue pour le paiement de 13,000 francs dépendant de l'inscription hypothécaire de Bourson ;

Le 13 mars 1866, commandements saisies exécutoires de divers cessionnaires de M. Lalanne.

Et la délibération du Conseil en date du 12 mars 1866 constate que l'encaisse de la Compagnie était d'environ 275,000 francs pour faire face à plus de 600,000 restant à payer sur les terrains, sans compter les autres engagements pour travaux, etc.

La Compagnie était véritablement aux abois.

Pendant ce temps, la Compagnie payait successivement, d'abord avec ses deniers personnels, et plus tard à l'aide de l'emprunt par subrogation de 300,000 francs, qui a été contracté par acte passé le 12 mai 1866 en l'étude de Me Rambaud, notaire à Bordeaux, les créances hypothécaires et les délégations dont le paiement était réclamé avec le plus d'insistance.

A la date du 21 avril 1866, M. Lamarque, qui n'avait encore rien versé sur les 1,511 actions (1) dont il restait alors personnellement souscripteur, devait à la Compagnie :

755.500 fr. » c. en principal,
66.237   94   pour intérêts de retard.

821.737 fr. 94 c. ensemble, sans compter le principal et les intérêts de 270 actions qu'il avait cautionnées pour MM. Bénat, Frazer et Vallès, formant un total, en principal, de 135,000 francs, sur lequel il n'avait été rien versé non plus.

Les écritures de la Compagnie constatent qu'à cette même date du 21 avril 1866, les 323,607 fr. 91 c. restés libres au profit de M. Lamarque et des syndics Bourson ont été appliqués comme suit :

1° A la *libération intégrale*, en principal et intérêts, des 200 actions originairement souscrites par M. Bénat et transférées à M. Lamarque le 14 novembre 1863, ci. . . . . 108.774 fr. 10 c.

2° A la *libération de 125 francs, en principal,* sur les 1,551 actions restées au nom de M. Lamarque. . . 188.875 fr. » c.
intérêts de retard *sur ces 125 francs seulement.* 22.949   45
                                                    ——————————
                                                    211.824   45

3° Le surplus, au prorata :
sur les 50 actions Frazer. . . . . 2.149 fr. 31 c.
sur les 20 actions Vallès. 859   75
                                           ——————————
                                           3.009   06

TOTAL ÉGAL. . . . . 323.607 fr. 91 c.

Ainsi, au lieu d'employer cette somme de 323,607 fr. 91 c. à solder tout d'abord la totalité des intérêts arriérés qui étaient dus par M. Lamarque, sauf à n'imputer ensuite que l'excédant sur le capital (ce qui eût libéré chacune des 1511 actions de 170 francs), on arriva par une combinaison de chiffres à ce double résultat :

1° De *libérer totalement* les 200 actions Bénat, afin d'effacer jusqu'à un certain point l'irrégularité de leur transfert, en même temps qu'on les rendait disponibles pour des fins que nous expliquerons tout à l'heure ; cela n'empêchait que c'était en définitive avec l'argent de la Compagnie qu'on libérait M. Bénat qui était parfaitement solvable, et qui aurait rempli l'engagement qu'il avait pris par sa souscription, si on l'y avait contraint ;

2° De replacer, en apparence, M. Lamarque dans la situation régulière d'un actionnaire ordinaire qui aurait effectué en temps utile le *premier versement de 125 francs* prescrit par l'article 7 des statuts.

Les 200 actions libérées furent envoyées à M. Gauchier, à Bordeaux, pour être mises à la disposition de M. Lamarque et des syndics Bourson.

_____

(1) M. Lamarque avait encore négocié 30 actions qui ont réduit le nombre de ses titres personnels 1,541 à 1,511.

§ 2. — Convention des 25, 26 et 30 mai 1866.

Cette liquidation arrêtée le 21 avril 1866 fit l'objet d'une convention formelle en date des 23, 26, et 30 mai 1866, qui fut déposée au rang des minutes de M⁵ Rambaud, notaire à Bordeaux, le 4 juin suivant.

La convention est passée entre :

1° M. Gauchier, au nom de la Compagnie des Magasins généraux de Bordeaux, d'une part ;

2° M. Lamarque et les syndics Bourson ;

3° M. Lespinasse, d'autre part.

Elle stipule que les 200 actions libérées sont déposées, d'un commun accord entre les parties, dans les mains de M⁵ Lespinasse, notaire à Bergerac, qui déclare les recevoir à titre de dépôt pour être remises ultérieurement à qui de droit, après règlement définitif, amiable ou judiciaire, entre M. Lamarque et les syndics Bourson, sur leurs droits respectifs dans le prix des terrains Brustis ; avec cette explication, que si la Compagnie venait à être obligée de payer une somme d'argent à MM. Stanislas Castanet et Ruchon ou autres saisissants et cessionnaires, il était parfaitement entendu que la Compagnie n'aurait à exercer aucun recours contre M. Lamarque et les syndics Bourson, mais seulement sur les actions remises en dépôt aux mains de M. Lespinasse. De telle sorte que si, par exemple, elle était obligée de payer 20,000 francs en espèces aux saisissants, elle devrait simplement se faire restituer 40 actions libérées, telles qu'elles ont été remises à M. Lespinasse, ou 160 actions libérées seulement de 125 francs chacune.

La stipulation qui précède était motivée sur ce fait que, pour obtenir le solde de 339,203 fr. 04 c. en faveur de M. Lamarque et des syndics Bourson, il n'avait pas été tenu compte de l'opposition des syndics Bourson du 17 février 1864.   159,951 fr. » c.

Des cessions Stanislas Castanet et Ruchon, signifiées le 2 avril 1864.   32,000   »

De l'opposition du syndic de Gustave Castanet, du 3 juillet 1865.   110,000   »

ENSEMBLE. . . . . :   301,951 fr. » c.

Si l'on avait seulement tenu compte des cessions Castanet et Ruchon, il ne serait plus resté somme suffisante pour, à la fois, libérer totalement les 200 actions Bénat et compléter 125 francs sur le surplus des actions de M. Lamarque.

C'est grâce à cet *ingénieux* arrangement que l'on a pu arrêter, tant bien que mal, un compte avec M. Lamarque.

Le paiement de 339,203 fr. 04 c. fait à Lamarque et aux syndics Bourson par voie d'imputation a été l'objet d'une quittance passée devant M⁵ Rambaud, notaire à Bordeaux, le 26 mai 1866. Cette somme était applicable :

Pour 273,791 fr. 59 c. sur le prix Lalanne,

et pour. . 65,411   45   sur le prix Eudel et Vrignault.

La convention des 23, 26 et 30 mai n'a jamais été portée à la connaissance des actionnaires.

§ 3. — Incident Castanet et Ruchon.

Plus tard il a fallu compter encore avec MM. Castanet et Ruchon, porteurs de délégations notariées à eux faites le 25 mars 1864.

Par l'arrêt du 28 décembre 1865, ils avaient été déclarés non recevables, sauf leur recours ultérieur contre qui de droit,

M. Castanet était porteur d'une cession de 12,000 francs et M. Ruchon d'une cession de 20,000 francs; ensemble : 32,000 francs.

Ces cessionnaires assignèrent la Compagnie, et, après de longs pourparlers, il intervint un jugement du tribunal de Bordeaux, en date du 21 juillet 1869, qui décida que MM. Castanet et Ruchon viendraient au marc le franc, avec la somme reconnue devoir revenir à M. Lamarque et aux syndics Bourson par l'arrêt du 28 décembre 1865.

Le jugement ayant été signifié à la Compagnie, elle a payé, le 9 décembre 1869, par quittance devant Mᵉ Rambaud, notaire à Bordeaux :

A Castanet, en principal et intérêts	6.846 fr.	43 c.
A Ruchon, en principal et intérêts.	11.410	74
Pour frais et honoraires.	2.065	05
ENSEMBLE.	20.322 fr.	22 c.

Par contre, la Compagnie reçut des mains de M. Lespinasse, en exécution de la convention des 23, 26 et 30 mai, 40 actions libérées de la Compagnie, prises parmi les 200 qu'il avait en dépôt. Ces actions sont aujourd'hui dans la caisse de la Compagnie, et les administrateurs en ont dissimulé la rentrée en les portant pour 20,000 francs dans les inventaires, sous le titre de *Portefeuille*.

C'est ainsi que la Compagnie s'est trouvée obligée, en réalité, de racheter avec l'argent des autres actionnaires quelques-unes des actions souscrites par M. Lamarque. Et encore aujourd'hui, la liquidation de la Compagnie se trouve toujours en présence :

1° De l'opposition des syndics Bourson, du 17 février 1864, pour .	159.000 fr.	» c.
2° De l'opposition des syndics de la faillite Castanet, du 28 juin 1865, pour	110.000	»
ENSEMBLE.	269.000 fr.	» c.

Le paiement fait à MM. Castanet et Ruchon n'a jamais été porté à la connaissance des actionnaires.

§ 4. — RETRAITE DE M. LAMARQUE.

Le prix à payer aux ayants-droit de M. Lalanne et à MM. Eudel et Vrignault a été peu à peu soldé avec additions d'intérêts de retard et de frais qui se sont élevés à 135,918 fr. 77 c. et ont augmenté de 2 fr. 13 c. par mètre le prix de revient des 63,348 mètres. Ces intérêts et ces frais ont été portés dans les bilans en augmentation de la valeur des immeubles (1).

---

(1) Le prix définitif de ces terrains se décompose comme suit :

995.246 fr.	79 c.	principal;
71.969	64	frais d'acte;
134.918	77	intérêts et frais divers
1.202.134 fr.	70	ENSEMBLE, somme pour laquelle ils figurent aux bilans.

Le mètre est revenu ainsi à 19 francs

Après cette liquidation du 21 avril 1866, M. Lamarque restait devoir à la Compagnie :

566.625 fr. » c. principal de 375 francs sur 1,511 actions;
 43.287   49   intérêts de retard;

609.912 fr. 49 c. ENSEMBLE, sans compter les 50 actions Frazer et les 20 actions Vallès qu'il est resté garantir et qui forment un total de 70,000 francs en principal.

M. Vallès libère peu après ses 20 actions et ne doit plus aujourd'hui qu'un solde insignifiant.

M. Frazer est décédé sans avoir absolument rien payé sur ces 50 actions.

M. Lamarque demanda que son certificat de 1,511 actions fut divisé en trois titres, de 1,263, de 224 et de 24 actions.

Il intenta une action contre M. Vrignault, qui fut condamné à prendre les 24 actions que M. Lamarque avait souscrites pour son compte; ces 24 actions furent payées à la Compagnie le 28 février 1867, et le nombre des actions de M. Lamarque se trouva ainsi définitivement réduit à 1,487.

Il intenta également une action contre M. Lalanne pour obtenir le paiement des 224 actions qu'il prétendait avoir également souscrites pour son compte, mais cette instance a été abandonnée.

La Compagnie n'avait plus rien à espérer de M. Lamarque, qui était devenu insolvable et s'était séparé de biens, ce que le Conseil avait su par un extrait de la demande en séparation, inséré au journal les *Petites Affiches* trouvé dans ses archives.

Les Administrateurs n'avaient pas inquiété M. Lamarque quand il jouissait encore d'un certain crédit et exerçait notoirement la profession d'entrepreneur.

M. Lamarque n'avait même pas cessé de siéger dans le Conseil, bien qu'il n'eût pas fait le dépôt de 50 actions prescrit par les statuts; les procès-verbaux du Conseil constatent sa présence, pour la dernière fois, à la réunion du 30 avril 1866 : cette situation est celle qui a ému d'abord ses collègues. Le 13 janvier 1866, on lui avait écrit d'avoir à effectuer ce dépôt; le 9 août suivant, on lui renouvelait cette demande en termes plus pressants; le 15 septembre suivant, on lui écrivit encore pour lui annoncer qu'on serait forcé de le considérer comme démissionnaire s'il ne se mettait pas promptement en règle; enfin, le 17 du même mois, on lui écrivit de nouveau que, malgré les observations présentées par lui, le Conseil ne pouvait que maintenir sa décision.

Le 13 décembre 1866, les Administrateurs invitaient M. Lamarque à effectuer sans retard les versements arriérés sur ses 1,487 actions, et le 11 février 1867 ils lui remettaient son compte, qui se soldait au 31 décembre 1866 par 629,937 fr. 67 c. en principal et intérêts.

C'est seulement le 30 octobre 1868, que la Compagnie assigna M. Lamarque en paiement de ce qu'il devait, en demandant la capitalisation des intérêts de retard.

Le 10 décembre 1868, le Tribunal de première instance de la Seine rendit un jugement par défaut qui visa celui qui avait été rendu à Bordeaux le 18 avril 1866, visa également les 375 francs par action restant dus par M. Lamarque, et prononça la capitalisation, à compter du jour de la demande, des intérêts de retard dus par M. Lamarque, s'élevant au 15 octobre 1868 à 111,825 fr. 45 c., pour lesdits intérêts produire eux-mêmes intérêts.

Ce jugement fut signifié à M. Lamarque le 15 janvier 1869.

Le 31 juillet 1869, M. Lamarque forma opposition et signifia à la Compagnie des conclusions dans lesquelles il prétendait que le Conseil l'avait indûment considéré comme démissionnaire; il prétendait, en outre, que depuis lors la gestion du Conseil avait gratuitement compromis les intérêts sociaux, demandait la nullité de sa souscription et 100,000 francs de dommages-intérêts.

Le 17 février 1872, un jugement contradictoire, rendu par le Tribunal civil de la Seine, a débouté M. Lamarque de ses prétentions et ordonné que le jugement du 10 décembre 1868 serait exécuté dans sa forme et teneur. Ce jugement a été signifié à M. Lamarque le 12 mars 1872 ; n'ayant pas été frappé d'appel, il est devenu définitif.

Malgré ces poursuites, la Compagnie n'a encore reçu aucune satisfaction de M. Lamarque et ne peut plus rien espérer de lui.

D'après un dernier compte établi au 1er août 1873, M. Lamarque doit à cette date à la Compagnie, en principal et intérêts, sur 1,487 actions . 842.310 fr. 75 c.
et en outre comme garant des 50 actions de M. Frazer, décédé. . 31.356 04

Ensemble. . . . . . 873.666 fr. 79 c.

sans tenir compte du paiement de 20,322 fr. 22 c. qui a été fait par la Compagnie pour l'affaire Castanet et Ruchon, dont nous allons reparler.

CHAPITRE V. — **Marche de l'entreprise depuis la Première Assemblée générale du 30 avril 1864 jusqu'à l'acquisition des Magasins Généraux de la Gironde et du Domaine Faugas.**

§ 1er. — EXERCICE 1864.

Il en est rendu compte à la deuxième Assemblée générale, qui a eu lieu le 24 avril 1865 sous la présidence de M. Blount.

Le Conseil d'administration est composé, à cette date, comme il l'était à la précédente Assemblée du 30 avril 1864, sauf M. Frazer décédé. M. Lamarque n'a pas encore fait le dépôt de 50 actions.

M. Lamarque et M. Vallès assistent encore à cette réunion avec des actions sur lesquelles il n'a été fait aucun versement.

On se rappelle que le Conseil avait décidé, le 19 septembre 1863, aussitôt après la constitution de la Société, deux appels de fonds de 75 francs chacun, qui, avec les 100 francs précédemment versés libéraient les actions de 250 francs ; le 11 juillet 1864, il avait encore appelé deux autres versements de 75 francs chacun, qui portaient la libération des actions à 400 francs.

Il ne restait plus que 100 francs par action à appeler, soit 900,000 francs pour les 9,000 actions.

Le rapport présenté est accompagné d'un bilan dressé au 31 décembre 1864.

Il y est dit, à propos du bilan :

« *Il résulte de cette situation sociale qu'une somme de 3,600,000 francs a été*
« *appelée sur notre capital.*

« *Les appels de fonds ont été nécessités principalement par l'achat des immeubles*
« *de la rive gauche et de la rive droite, s'élevant à 1,696,695 fr. 28 c. ;*

« *Par les dépenses d'appropriation du magasin de la rive gauche, et par celles*
« *de construction de l'établissement de la rive droite ;*

« *Enfin, par les divers besoins de notre exploitation et du fonds de roulement.* »

Il y est ajouté plus loin :

« *Nous pouvons être assurés maintenant* (page 6) *qu'il nous restera, sur le capital*
« *social, des ressources disponibles pour pourvoir au fonds de roulement et aux exten-*
« *sions les plus prochainement nécessaires.* »

Le bilan indique que les *Actions* ne doivent plus que 1,350,125 francs pour *versements en retard ou non appelés*, d'où il ressort que les *versements en retard* ne s'élève-
raient qu'à 450,125 francs : cette indication est *inexacte*.

Conformément à une décision inscrite au registre des procès-verbaux du Conseil,
à la date du 30 janvier 1865, on avait distrait du compte *Actions :*

604.400 fr. » c. pour 400 francs sur les 1,511 actions souscrites par M. La-
      marque ;

156.000   »   pour 400 francs sur les 390 actions qu'il restait à garantir.

760.400 fr. » c. ENSEMBLE, que l'on avait portés sur les registres de la Compagnie
sous le titre *Liquidation Lamarque et Bourson.*

Mais comme ce titre aurait donné l'éveil aux actionnaires, la somme de 760,400 fr.
a été confondue au bilan sous la rubrique : *Banquiers de la société et débiteurs divers,*
dans un total de 1,642,516 fr. 29 c. : les actionnaires pouvaient difficilement y trouver
la trace de ce que devait M. Lamarque.

En réalité, les versements en retard s'élevaient à 1,210,525 francs au lieu de
450,125 francs.

Les *Frais de premier établissement* s'élevaient, au précédent bilan, à la somme de
285,674 fr. 57 c.; ils s'élèvent maintenant à 352,553 fr. 46 c., et atteignent, à peu
de chose près, le chiffre auquel ils seront définitivement arrêtés plus tard.

Bien que le rapport constate que l'exploitation à Bordeaux a donné une perte de
538 fr. 46 c., le bilan présente le compte de *Profits et Pertes* créditeur de 36,636 fr.;
ce solde provient presque complétement des bonifications d'intérêts faites par MM. Blount
et Cie sur les fonds qui sont restés entre leurs mains.

L'Assemblée a approuvé les comptes résumés dans le bilan au 31 décembre 1864.
Le rapport ne dit toujours rien de la souscription Lamarque ni des difficultés existantes avec M. Lalanne.

§ 2. — EXERCICE 1865.

Il en est rendu compte à la troisième Assemblée générale, qui a eu lieu le 29 mai
1866, sous la présidence de M. Blount.

Le Conseil d'administration est composé comme à la précédente Assemblée du
24 avril 1865. M. Lamarque n'a pas encore fait le dépôt de 50 actions.

MM. Lamarque et Vallès n'assistent pas à cette réunion et ils n'assisteront plus à aucune des suivantes.

Depuis l'Assemblée antérieure, le Conseil avait successivement décidé :

Le 29 août 1865, un appel de 50 francs pour le 1er octobre 1865 ;

Et le 18 décembre 1865, le dernier appel de 50 francs pour le 20 janvier 1866.

Le rapport présenté est accompagné d'un bilan au 31 décembre 1865.

Ce bilan indique qu'au 31 décembre 1865, les actions doivent encore :

Pour versements non appelés . . . .   450.000 fr. » c.

Pour *versements en retard* . . . . . .   1.158.300   »
                                     1.608.300 fr. » c.

On remarquera de suite que les actions qui ne devaient plus que 1,350,125 francs au précédent bilan, doivent maintenant 1,608,300 francs. C'est que l'on a corrigé l'écriture *bizarre* par laquelle on avait distrait du compte *Actions*, l'année précédente, toutes celles qui incombaient à M. Lamarque ; maintenant M. Lamarque est compris dans le total de 1,158,300 francs des versements en retard au 31 décembre 1865, pour 855,450 francs, dont 679,950 pour ses 1,511 actions et 175,500 pour les 390 qu'il a garanties ensemble.

On se rappellera aussi que c'est seulement le 21 avril 1866 que la transaction avec M. Lamarque a été faite.

Il ressort du bilan que la Compagnie avait déjà *immobilisé* au 31 décembre 1865 :

352.553 fr. 46 c. en frais de premier établissement ;

1.696.695   28   en achats de terrains non encore soldés ;

1.688.810   42   en travaux et constructions.

3.738.059 fr. 16 c. ENSEMBLE, alors qu'il ne restait plus à appeler que 450,000 francs sur son capital de 4,500,000 francs.

Le bilan indique au passif un total de 980,734 fr. 19 c. de *dettes exigibles* et à l'actif des *ressources liquides* qui ne s'élèvent qu'à 227,612 fr. 82 c. ; la différence d'environ 750,000 correspond à peu près à ce que doit M. Lamarque.

Cette situation explique suffisamment les embarras financiers que la Compagnie éprouvait et que nous avons signalés plus haut (1). Il y avait lieu certainement d'en parler dans le rapport ; mais on a tourné la difficulté en anticipant sur ce qui s'était passé depuis le 31 décembre 1865, et en disant seulement :

« *Depuis le 31 décembre 1865, époque à laquelle la balance qui vient de vous être* « *transmise, se trouve arrêtée, nous avons dû faire le dernier appel de 50 francs sur* « *nos actions ; le chiffre des versements en retard s'est modifié, et le solde débiteur au* « *30 avril de cette année était réduit à 1.197.025 francs.*

« *Depuis cette dernière date, la somme de 795,948 fr. 64 c., redue sur les* « *propriétés de la Compagnie, solde dont nous n'avions pu opérer le paiement par suite* « *de nombreuses oppositions mises entre nos mains, se trouve réglée ainsi qu'il va être* « *dit ci-après.*

_____

(1) En 1865, les embarras de la Compagnie avaient été tels, que M. Landrau, cessionnaire de M. Lamarque, après un commandement infructueux du 17 juillet, a fait saisir le 22 les espèces contenues dans la caisse de l'exploitation et le mobilier des bureaux à Bordeaux. Jamais les actionnaires n'ont soupçonné un pareil fait.

« *Divers jugements et arrêts relatifs à cette liquidation ayant établi définitivement* « *les droits légitimes de chacun des participants, nous avons pu en régulariser la* « *libération.*

« *Nous redevions avec les intérêts la somme de 859,200 francs que nous avons* « *acquittée, savoir :*

« *300.000 fr.* » c. *fournis par un prêteur qui, payant par subrogation, s'est substitué* « *au lieu et place des créanciers inscrits;*

« *559.000* » *soit le solde, avec les fonds de la Compagnie.*

« *859.000 fr.* » c.

« *A ce moment nous avons reçu de l'un de nos débiteurs sur versements en retard* « *la somme 323,006 fr. 88 c., ce qui réduit à 874,018 fr. 12 c. en capital, non compris* « *les intérêts, le chiffre des versements qui restent à opérer pour la libération de nos* « *actions.*

« *Le retard apporté par quelques-uns de nos actionnaires au paiement d'une* « *somme qui, avec les intérêts au 30 avril dernier, s'élève au chiffre de 914,530 fr.* « *64 c., est un fait on ne peut plus regrettable. Nous comptons en recevoir une partie* « *prochainement, mais, malgré les voies et moyens rigoureux et modérés que nous* « *avons successivement employés, nous ne saurions prévoir l'époque à laquelle nous en* « *obtiendrons le paiement total.*

« *En présence de cette éventualité, et pour le cas où les mesures énergiques que* « *nous continuerons à prendre contre nos débiteurs ne nous procureraient pas des* « *rentrées assez prochaines pour satisfaire aux besoins de la Compagnie, l'ordre du* « *jour soumet à votre délibération l'autorisation à donner au Conseil de faire un* « *emprunt, en consentant hypothèque sur les propriétés de la Compagnie.* »

Les renseignements sommaires qui précèdent ne dévoilaient pas la situation de M. Lamarque. Ils étaient encore inexacts, en ce sens que la Compagnie n'avait pas précisément payé les 559,200 francs avec ses propres fonds, puisque sur cette somme, 323,006 fr. 86 c. avaient été payés par compensation et sans débours; mais il est bien certain que le retard de M. Lamarque a été la seule cause du premier emprunt hypothécaire de 300,000 francs qui a été proposé.

Les magasins de la Bastide n'étaient pas encore terminés; l'exploitation à Bordeaux n'a donné que 3,862 fr. 71 c. de bénéfices nets.

Le solde créditeur du compte de *Profits et Pertes* était, au précédent bilan, de 36,636 francs; il est réduit à 39 fr. 42 c. au bilan du 31 décembre 1865, à cause de l'importance des frais généraux du siége social, quoiqu'il y ait eu 59,812 fr. 78 c. produits par l'encaissement d'intérêts de retard sur les actions et sur le mouvement des fonds chez les banquiers.

L'Assemblée approuve les comptes résumés dans le bilan; elle autorise le Conseil d'administration à faire un emprunt hypothécaire de 300,000 francs et ratifie le paiement de 300,000 francs par subrogation qui a été fait le 12 mai 1866.

Nous constatons encore qu'il n'a pas été question de M. Lamarque ni des difficultés existantes avec M. Lalanne; ce silence est évidemment bien calculé, surtout en présence des réponses qui ont été faites *à la même époque* à M. Dalléas.

§ 3. — Exercice 1866.

Il en est rendu compte à la quatrième Assemblée générale qui a eu lieu le 29 mai 1867, sous la présidence de M. Blount.

Le rapport présenté à cette réunion dit à la page 11 :

« *Dans le cours de cet exercice* (1866), *M. Lamarque a cessé ses fonctions d'Admi-*
« *nistrateur, et, conformément à l'article 24 des statuts, nous avons procédé à son*
« *remplacement en nous adjoignant, comme Administrateur, M. Sublet, honorable*
« *négociant de Paris, etc.* »

C'est la seule modification dans le Conseil d'administration qui était en fonctions à l'époque de l'Assemblée précédente.

Le bilan, au 31 décembre 1866, présenté à l'appui du rapport, porte le compte *Actions* débiteur de 780,415 fr. 95 c. pour versements en retard.

Le compte de *Frais de premier établissement* s'élève à 356,963 fr. 46 c. et sera définitivement arrêté à cette somme (1).

C'est le 31 mai 1866 que les magasins de la Bastide avaient été ouverts, et c'est le 13 juin 1866 que le magasin Dalléas a été incendié.

Le rapport rend compte de cet événement considérable; nous allons en parler spécialement tout à l'heure, ainsi que de l'emprunt de 700,000 francs proposé aux actionnaires dans cette Assemblée.

Le rapport ne s'explique pas sur le produit de l'exploitation à Bordeaux en 1866, ou plutôt, pour déguiser une perte, il a recours à un euphémisme en disant seulement (*page 8*) que le *mouvement a balancé en partie les dépenses de l'année.*

Le bilan qui devait se solder en perte présente cependant le compte de *Profits et pertes* créditeur de 60,304 fr. 23 c.

On n'a pu obtenir ce résultat fallacieux qu'en imaginant de porter pour la première fois à l'actif 86,388 fr. 48 c. *d'intérêts de retard* dus sur les actions ; M. Lamarque

---

(1) Voici, d'après les écritures de la Compagnie, le relevé de ces *frais de premier établissement* dont le détail n'a jamais été fourni aux actionnaires :

A Blount et Cie, commission fixe sur la souscription.	50.000 fr. » c.	
A Blount et Cie, commission de 5 francs par action sur la *totalité* des 9,000 actions	45.000 »	
Circulaires et frais	19.461 »	114.461 fr. 39 c.
A Lamarque, pour régler les journalistes	47.500 fr. » c.	
Frais d'études, voyages, publicité.	51.216 15	98.716 15
Cession d'autorisation de M. Mérillon		40.000 »
Allocation aux Administrateurs pendant la période de constitution		24.166 66
Publicité et impressions diverses.		3.193 45
Frais généraux de la période de constitution.		60.908 98
Frais et honoraires pour diverses créances hypothécaires.		2.024 37
Frais divers, travaux de l'architecte		605 25
Honoraires à Me Cottin, notaire.		9.508 76
Droits à l'État et timbre aux actions.		2.791 30
Assurance des bâtiments Dalléas.		587 25
		356.963 fr. 46 c.

figure à lui seul dans cette somme (sans avoir égard aux actions dont il est encore caution) pour 63,003 fr. 90 c., un peu plus que l'importance des bénéfices annoncés.

Sans cette fâcheuse écriture, le bilan aurait accusé une perte de 26,084 fr. 25 c.

On continue à ne rien dire, absolument rien, de la situation de M. Lamarque, ni des difficultés si considérables que l'on avait eues, précisément dans l'année 1866, à propos du paiement des ayants-droit de M. Lalanne. La retraite de M. Lamarque n'est pas plus expliquée. C'était cependant, bien certainement, l'occasion d'expliquer sa situation et de parler de la transaction faite avec lui en mai 1866, dont on devait au moins rendre compte aux actionnaires. On ne l'a pas fait parce qu'on voulait moins que jamais, dans les circonstances où l'on se trouvait, apprendre aux actionnaires et aux tiers que les 609,912 fr. 49 c. que M. Lamarque restait devoir au 21 avril 1866 étaient tout à fait perdus.

L'Assemblée approuve, comme d'habitude, les comptes résumés dans le bilan au 31 décembre 1866. Elle autorise le Conseil à emprunter au Crédit Foncier la somme de 700,000 francs et à vendre le terrain sur lequel le magasin Dalléas avait été construit. Enfin elle confirme la nomination de M. SUBLET.

§ 4. — INCENDIE DES MAGASINS DALLÉAS, LE 13 JUIN 1866. — EMPRUNT DE 700,000 FRANCS AU CRÉDIT FONCIER.

Ce sinistre n'aurait pas eu de bien graves conséquences pour la Compagnie si les magasins avaient été totalement assurés.

Les magasins de la Bastide étant déjà complétement terminés, l'exploitation pouvait s'y continuer et s'y limiter sans aucun dommage pour les intérêts sociaux ; au contraire, on pouvait croire, au point de vue exclusivement financier, que la réparation du sinistre par les Compagnies d'assurances allait procurer à la Compagnie les ressources dont elle avait grand besoin.

L'immeuble avait été assuré le 3 juillet 1862, à la Compagnie *la Confiance*, par M. Dalléas, l'ancien propriétaire, sur une valeur de 200,000 francs pour la construction seulement, alors qu'il était vacant.

La police d'assurance fut transférée à la Compagnie des Magasins Généraux le 8 octobre 1863, à la suite de la vente qui avait eu lieu le 17 septembre précédent. Les Administrateurs de la Compagnie n'ont pas songé à examiner s'il y avait une assurance contre le recours des voisins, et *ils ont négligé de faire cette assurance*.

Cette négligence est d'autant plus extraordinaire, que l'attention avait été éveillée sur cette nature de risques, lorsqu'on a discuté avec M. Dalléas le prix de vente de son immeuble.

On lit en effet dans le procès-verbal de la séance du Conseil, qui a été tenue le 30 janvier 1863 :

« . . . . M. *Dalléas est introduit.*

« *Une discussion approfondie sur la valeur de l'immeuble s'engage entre les* « *membres du Conseil et M. Dalléas.*

« *Les premiers font observer notamment que l'immeuble n'est pas isolé, qu'il en* « *résultera des difficultés sérieuses pour obtenir d'y loger des marchandises de toute* « *nature et, en tout cas, une surélévation des frais d'assurance.* »

La Compagnie fit, aussitôt après son entrée en possession, des dépenses considérables pour l'appropriation de la construction à l'usage du magasinage, et *l'on ne songea pas non plus à élever en conséquence le chiffre de l'assurance.*

Il faut noter que l'oubli de l'assurance contre le recours des voisins n'est pas le fait d'un agent subalterne. Le Conseil d'administration, siégeant à Paris, s'était justement réservé, d'une manière spéciale, le soin de régler toutes les assurances immobilières.

Les primes payées à ce sujet ne figuraient même que dans les écritures du siége social, et se trouvaient ainsi distraites, à tort, des frais généraux du magasinage. Le Directeur de l'exploitation, à Bordeaux, ne devait s'occuper que des assurances sur les marchandises.

Lorsque le rapport à l'Assemblée du 29 mai 1867 parle du règlement du sinistre, il dit :

« Nos magasins avaient été assurés, marchandises et immeubles, par neuf Com- *« pagnies d'assurances :*

« L'immeuble pour 200,000 francs et les marchandises pour 2,750,000 francs...

« Voici l'état des risques couverts et le règlement qui en a été fait à la suite des *« expertises :*

« L'immeuble était assuré pour 200,000 francs.

« Il a été estimé, après l'incendie, par les experts	199.583 fr. 41 c.
« Il en a été déduit pour les parties sauvées	40.566 59
« Reste pour l'indemnité reçue de la Compagnie	159 016 fr. 90 c. (1)

(Suit le détail relatif aux marchandises.)

« Il nous reste en cours de règlement des indemnités de recours des voisins pour *« lesquelles nous sommes en instance. L'appréciation de ces réclamations est très-con-* *« troversée et nous ne saurions, quant à présent, vous en rendre un compte exact. »*

Ces trois dernières lignes ne pouvaient certes pas faire présumer que les Administrateurs n'avaient pas pourvu à toutes les assurances nécessaires, et que le sinistre du 13 juin 1866 se liquiderait plus tard, comme nous le verrons, par une perte de 232,913 fr. 31 c.

Le Conseil était mieux renseigné; il savait que la *controverse* à laquelle il faisait allusion n'était qu'un prétexte pour éloigner des paiements inévitables, et il prenait immédiatement des précautions financières, en disant dans son rapport *(page 11)* à l'Assemblée du 29 mai 1867 :

« C'est pénétrés du devoir qui nous est imposé d'améliorer chaque jour notre *« situation industrielle, que nous nous décidons à réaliser l'emprunt que vous nous* *« avez autorisés à contracter par votre délibération du 29 mai 1866, et nous sou-* *« mettons de nouveau à votre approbation les autorisations qui nous sont demandées* *« par le Crédit Foncier de France. »*

L'emprunt de 700,000 francs devait servir à rembourser, avant tout, le prêt par subrogation de 300,000 francs, afin de pouvoir donner au Crédit Foncier le premier rang hypothécaire qu'il exige.

C'est par actes, en date des 8 juillet et 26 août 1867, que l'emprunt au Crédit Foncier a été réalisé, avec la garantie hypothécaire des propriétés de la Bastide et du terrain de la rue Foy. Le 27 avril 1867, le Conseil a été informé que le Crédit Foncier

---

(1) Les 159,016 fr. 90 c. ont été encaissés en 1866 et se trouvent confondus dans l'actif du bilan 31 décembre 1866.

a fait un premier versement de 312,821 francs, à valoir sur le prêt de 700,000 francs, et qu'il conserve le reste pour faire face à la subrogation de 300,000 francs consentie le 12 mai 1866, et au solde dû sur les terrains.

Il est évident qu'il n'aurait pas été nécessaire de faire cet emprunt si M. Lamarque avait payé les 609,912 fr. 49 c. qu'il restait devoir depuis le 21 avril 1867.

§ 5. — Situation de la Compagnie au 31 décembre 1866, telle qu'elle est présentée dans le rappopt a l'Assemblée générale du 29 Mai 1867.

L'exposé de la situation financière qui a été présenté à l'Assemblée générale du 29 mai 1867, a d'autant plus d'importance que les Administrateurs étaient à la veille de traiter avec des tiers une affaire considérable.

Le bilan, au 31 décembre 1866, portait le compte *Actions* débiteur de 780,415 fr. 95 c. pour *versements en retard*, et le rapport donnait à ce propos les explications suivantes :

« *La somme de 974,530 fr. 64 c. qui restait due par divers souscripteurs au* « *30 avril 1866 se trouvait réduite, au 31 décembre dernier, par suite d'encaissements,* « *à 780,415 fr. 95 c. en capital.*

« *Depuis le 31 décembre 1866, de nouveaux versements ayant été opérés, cette* « *somme des retards se trouve réduite, au 30 avril 1867, à 758,861 francs ; elle est* « *couverte, pour une certaine partie, par des hypothèques ou par des promesses qui* « *se réalisent chaque jour.* »

On se garde de dire que sur ces 758,861 francs, M. Lamarque doit, à lui seul, en principal, 601,625 francs, qui sont définitivement perdus.

La Société avait *immobilisé* au 31 décembre 1866 :

356.963 fr. 46 c.	en frais de premier établissement définitivement arrêtés à cette somme ;
1.653.439	42	en terrains ;
1.981.627	76	en travaux et constructions.

3.992.030 fr. 64 c. ensemble, alors que tout le capital de 4,500,000 francs avait été appelé.

Le bilan indique au passif 518,950 fr. 32 c. de *dettes à payer* y compris le prêt de 300,000 francs par subrogation, et à l'actif 218,570 fr. 68 c. seulement de *ressources liquides* en dehors des versements en retard. Ce n'est pas tout à fait la situation que le rapport résume, en disant page 11 :

« . . . . *La Compagnie possède à son actif :*

« 1.085.374 fr. 51 c.	*en argent disponible et sommes à recouvrer, sur lesquels elle doit ;*
« 518.950	92	(y compris le prêt de 300,000 francs par subrogation).

« 566,423 fr. 59 c. *restent à l'actif.* »

Cela n'est vrai que si l'on parvient à recouvrer 866,804 fr. 43 c., dus par les actionnaires en principal et intérêts. Mais les tiers qui ignorent encore la position de M. Lamarque, qui sont confiants dans le recouvrement des versements en retard, en raison des explications tranquillisantes qui sont données, qui ne peuvent prévoir la perte qui résultera de l'incendie, doivent évidemment croire que la Société est *in bonis*.

Nous avons expliqué déjà comment le bilan était présenté avec un solde de

63,003 fr. 90 c. au crédit du compte de Profits et Pertes, alors qu'il aurait dû constater une perte de 26,084 fr. 25 c.

Enfin, il est évident que les actionnaires et les tiers devaient croire que les ressources de la Compagnie se chiffraient comme suit :

1.085.374 fr. 51 c. argent disponible et sommes à recouvrer ;
   700.000   »   emprunt au Crédit Foncier.
1.785.374 fr. 51 c. ENSEMBLE, pour acquitter 518,950 fr. 92 c. de dettes.

C'est-à-dire qu'il devait rester net 1,266,423 fr. 69 c. *de fonds de roulement.*

CHAPITRE VI. — Acquisition des Magasins Généraux de la Gironde et du Domaine Faugas. — Création de 7,000 Obligations hypothécaires représentant un capital de 3,500,000 francs.

§ 1er. — APPROBATION DES ACQUISITIONS PAR L'ASSEMBLÉE GÉNÉRALE EXTRAORDINAIRE DU 18 JANVIER 1868 ET PASSATION DES ACTES LE 18 AOUT 1868.

C'est au lendemain de l'Assemblée du 31 mai 1867 que les Administrateurs de la Compagnie entrèrent en négociations pour l'acquisition de deux propriétés contiguës :

Le *Domaine Faugas* d'une contenance de 77,804ᵐ60 ;

Et les *Magasins généraux de la Gironde* établis dans une propriété d'une contenance totale de 118,465ᵐ70.

Cette double augmentation avait pour but, ainsi que cela a été expliqué dans le rapport présenté à l'Assemblée générale extraordinaire du 18 février 1868, présidée par M. Blount, de détruire une concurrence et d'améliorer les conditions générales des établissements de la Compagnie.

Les *Magasins de la Gironde* avaient été créés sur l'ancien domaine Bouthier, acquis en 1862. Cette entreprise particulière portait certainement un très-grave préjudice à la Compagnie, rien qu'en partageant avec elle la clientèle du magasinage : ce préjudice était d'ailleurs réciproque.

On comprend que la Compagnie ait acheté ces établissements ; mais les propriétaires ne voulaient les céder qu'en vendant en même temps la totalité du terrain au milieu duquel ils étaient placés. Et puis, on ne pouvait réunir leurs magasins à ceux que la Compagnie avait construits sur le domaine Brustis, qu'en achetant encore le *domaine Faugas* qui séparait les deux propriétés.

C'est ainsi que, pour acquérir les Magasins de la Gironde, la Compagnie a dû acheter 196,269 mètres de terrain en sus des 72,362 mètres qu'elle possédait déjà.

MM. Gauchier et consorts vendaient à raison de 8 francs le mètre, au prix total de 622,432 fr., le *domaine Faugas,* qu'ils avaient acheté à 4 francs le mètre, le 1er octobre 1862, et sur lequel ils n'avaient fait aucune dépense dans l'espoir de l'événement qui se produisait enfin.

Les *Magasins généraux de la Gironde* ont été vendus au prix de 1,500,000 francs en bloc, payables dans la monnaie que nous verrons, pour les terrains, constructions, chemins de fer, estacades, outillage, achalandage, etc.

Il avait été convenu que la totalité de ces deux prix d'acquisition serait payée en obligations à prendre parmi *7,000 obligations hypothécaires au porteur de 500 francs chacune,* créées par la Compagnie, avec inscription sur toutes ses propriétés anciennes et nouvelles, après l'inscription du Crédit foncier, sur les terrains qu'elle possédait antérieurement.

Les obligations étaient remboursables dans le délai de dix ans, ou auparavant, au fur et à mesure que la Compagnie effectuerait des ventes partielles des terrains qui n'étaient pas nécessaires à son exploitation. Elles rapportaient 5 °/₀ d'intérêt annuel à partir du 1ᵉʳ février 1868, payables en deux coupons de 12 fr. 50 c., le 1ᵉʳ février et le 1ᵉʳ août de chaque année.

En recevant des obligations hypothécaires au porteur, les vendeurs devaient renoncer à leur privilége de vendeurs et à l'action résolutoire.

Pour faciliter à la Compagnie le moyen de tirer parti des terrains qu'elle disait avoir l'intention d'aliéner aussitôt après y avoir fait des travaux de viabilité, les vendeurs consentaient encore à recevoir des obligations sans coupons pendant les trois premières années ; les intérêts représentés par les six coupons détachés devaient être capitalisés en obligations également dépourvues des coupons des trois premières années. Cette combinaison donnait à la Compagnie un répit de trois ans pendant lequel elle pouvait attendre la réalisation des terrains, sans avoir à se préoccuper du paiement des intérêts des obligations.

La Compagnie, après avoir prélevé sur les 7,000 obligations créées, les 4,480 obligations qui correspondaient aux prix de vente augmentés des intérêts de trois ans, pouvait disposer du surplus des 2,120 obligations ; il était stipulé que le produit de ces 2,120 obligations serait employé au paiement des frais d'actes et à des dépenses qui auraient pour but des travaux d'amélioration et de mise en vente des immeubles acquis.

Sur les 4,480 obligations qui correspondaient aux prix de vente augmentés des intérêts de trois ans, les vendeurs ont laissé encore entre les mains de la Compagnie 1,047 obligations, en représentation, *en principal, avec les intérêts de trois années,* de deux créances d'ensemble 455,581 francs, qui grevaient les biens vendus et que la Compagnie se chargeait de rembourser.

La Compagnie avait ainsi 3,167 obligations à négocier pour en appliquer le produit à des emplois déterminés.

Il devait être créé une Société civile des porteurs d'obligations, administrée par trois personnes spécialement chargées de la conservation des droits de ces porteurs.

Les conventions relatées plus haut furent arrêtées au mois de septembre 1867 et les administrateurs les soumirent à une *Assemblée générale extraordinaire* qui eut lieu le 18 janvier 1868, sous la présidence de M. Blount. Les actionnaires approuvèrent, à la majorité statutaire, les acquisitions projetées et donnèrent au Conseil d'administration les pouvoirs nécessaires pour les réaliser.

Les Administrateurs retardèrent la passation des actes d'acquisition pour attendre une décision de justice dans le procès Caperon dont il va être parlé ci-après. C'est seulement le 18 août 1868, qu'ont été passés simultanément, devant Mᵉ Cottin, notaire à Paris, les actes de vente des deux propriétés et *l'acte de Société civile des porteurs d'obligations.*

§ 2. — Incident Caperon.

La Compagnie avait pris possession des terrains et établissements le 1ᵉʳ février 1868, malgré l'opposition qui avait été faite à l'Assemblée par MM. Caperon frères, souscripteurs de 200 actions sur lesquelles 100 étaient complétement libérées, tandis que les 100 autres, faisant l'objet du certificat nominatif n° 565, n'étaient libérées que de 50 francs.

M. Gustave Caperon intenta immédiatement une action contre les Administrateurs de la Société et les assigna le 22 février 1868, devant le tribunal de Commerce de la Seine, pour faire déclarer nulle cette acquisition, comme contraire aux statuts.

Par jugement en date du 27 avril 1868, le tribunal de Commerce a débouté M. Caperon qui s'empressa d'interjeter appel.

L'appel allait être jugé à la Cour vers le mois de juillet 1868, lorsque M. Caperon se désista.

On peut constater sur les livres de la Compagnie que le certificat numéro 565 des 100 actions souscrites par M. Caperon a été libéré comme suit :

11.250 fr.	par M. Blount, Président, pour.	25 actions;
11.250	par M. Lanseigne, Administrateur, pour.	25 —
11.250	par M. Berson,	—	pour.	25 —
11.250	par M. Gauchier,	—	pour.	25 —
45.000 fr.	ENSEMBLE, correspondant à 450 francs, sur.	100 actions.

Pour terminer cet incident, nous ajouterons que MM. Blount, Lanseigne, Berson et Gauchier *oublièrent* de libérer, en même temps que le principal, les intérêts de retard qui étaient dus sur ces actions. Les trois premiers se sont empressés de les acquitter le 28 juin 1873, sur la réclamation des liquidateurs, mais M. Gauchier prétend faire compensation des 3,230 fr. 50 c. qu'on lui réclame de ce chef, avec des jetons de présence dont il serait créancier; une instance est pendante à ce sujet devant le Tribunal de Commerce.

§ 3. — Contestations a propos de l'emploi des fonds de la Société civile des Obligataires.

L'acte de *Société civile* a donné lieu à des contestations.

L'un des Administrateurs de la *Société civile*, porteur d'un très-grand nombre d'obligations, protesta contre l'emploi que la Compagnie entendait faire du produit des 3,167 obligations qu'elle avait à négocier.

La Compagnie a cru pouvoir passer outre et, selon l'opposant, bien que la Compagnie n'ait pu placer que 653 obligations, la caisse de la *Société civile* renfermerait au jour de la liquidation 112,400 fr. 29 c, de moins que ce qu'elle devrait contenir, si on avait exécuté les clauses de l'acte de Société civile du 18 août 1870.

§ 4. — Transformation de la Compagnie.

Que les nouvelles acquisitions des terrains Faugas et des Magasins de la Gironde fussent ou non permises par les statuts, il n'en est pas moins résulté que leur réalisation a singulièrement transformé les conditions d'existence de la Compagnie.

Toute l'économie apparente de l'opération était d'améliorer les conditions de l'exploitation de la Compagnie, en détruisant une concurrence, en procurant à ses anciens établissements de meilleurs abords en rivière et du côté du chemin de fer, en lui procurant enfin, sans debours immédiat, les nouveaux locaux dont elle avait besoin.

Par contre, la Compagnie acceptait de bien lourdes charges en créant 3,500,000 francs d'obligations dont les intérêts, s'élevant à 175,000 francs par an, allaient être exigibles en totalité à partir du 1er août 1871.

L'opération ne pouvait être menée à bonne fin que si, dans le délai de trois ans qui avait été accordé par les vendeurs pour l'exigibilité de leurs intérêts en espèces, la Compagnie aménageait très-rapidement les terrains qui n'étaient pas nécessaires à son exploitation, afin de pouvoir en revendre sans délai une certaine quantité avec profit.

On voit aujourd'hui que les administrateurs étaient peut-être plus préoccupés de trouver, dans le maniement des obligations, des ressources qui leur manquaient par le défaut de paiement de M. Lamarque ; malheureusement pour eux, ils n'ont pu en négocier que 653 dont le produit a été en grande partie absorbé par les frais d'acte.

Si la Compagnie avait eu réellement les 1,266,423 fr. 69 c. de fonds de roulement qui résultent du rapport fait à l'Assemblée du 29 mai 1866, si seulement elle avait eu à sa disposition le montant de la souscription de M. Lamarque, elle aurait pu faire, avec ses propres ressources, les travaux indispensables pour la revente des terrains, et, au besoin, satisfaire pendant un grand nombre d'années au service des intérêts des obligations, en attendant des circonstances favorables.

CHAPITRE VII. — **Marche de l'entreprise depuis l'acquisition des Magasins Généraux de la Gironde et du Domaine Faugas jusqu'à la dissolution de la Compagnie.**

---

§ 1er. — EXERCICE 1867.

Il en a été rendu compte à l'Assemblée du 27 avril 1868, présidée par M. Blount.

A l'Assemblée *extraordinaire* précédente du 18 janvier 1868, il avait été donné connaissance aux actionnaires de la mort de M. Rolland et de son remplacement par M. le BARON TRAVOT. On leur avait également communiqué la démission de M. Bénat.

L'exercice 1867 est antérieur à l'acquisition des Magasins de la Gironde dont la Compagnie n'a pris possession que le 1er février 1868.

Dans le courant de 1867, on a libéré 30,858 fr. 84 c. sur le principal des actions, de sorte que les *versements en retard* se trouvent réduits de 780,415 fr. 95 c. à 749,557 fr. 11 c.

L'exploitation à Bordeaux a donné 46,604 fr. 91 c. de bénéfices nets qui ont été absorbés, et au delà, par les frais du siége social de Paris, puisque le solde créditeur de *Profits et Pertes*, qui était de 60,304 fr. 23 c. au 31 décembre 1866, grâce aux *intérêts de retard* qui avaient été portés à l'actif, n'est plus que de 48,618 fr. 59 c. au 31 décembre 1867; c'est ce que le rapport indique très-légèrement dans les termes suivants (*page 8*) :

« *Mais en déduisant les charges qui pèsent sur cet exercice comme intérêts payés* « *sur emprunt, taxe sur les actions et frais généraux de toute nature, le compte général*

« *se solde au débit, pour une première année d'exploitation normale, par 11,685 fr.*
« *64 c.* »

Le rapport annonce aux actionnaires la vente du terrain des Magasins Dalléas à raison de 200 francs le mètre, ce qui a produit un prix total de 202,184 fr. 70 c. que l'on a dû verser au Crédit Foncier en déduction de son prêt ; et il ajoute :

« *Cette somme allége d'autant notre situation avec le Crédit Foncier de France, et*
« *l'emprunt de 700,000 francs que vous nous avez autorisés à contracter se trouve*
« *réduit à 500,000 francs, dans lesquels sont compris 300,000 francs réservés par cet*
« *établissement pour servir au remboursement du prêt par subrogation de pareille*
« *somme consenti à la Compagnie en 1866.* »

Au lieu de se féliciter de l'*allégement* de la dette vis-à-vis du Crédit Foncier, il eût peut-être été plus sincère de déclarer que la disparition d'une partie du gage qui avait été donné au Crédit Foncier privait désormais la Compagnie de 200,000 francs de fonds de roulement.

Si l'immeuble Dalléas avait été assuré comme il devait l'être, le remboursement effectué au Crédit Foncier, à l'aide du produit du terrain, eût été largement compensé, au point de vue du fonds de roulement, par le recouvrement d'une indemnité correspondante aux 232,913 fr. 31 c. qui ont été perdus dans l'incendie. C'est alors seulement qu'on aurait pu se féliciter de la réduction de l'emprunt au Crédit Foncier, parce que l'équivalent des ressources qu'on avait cherchées en le contractant se serait trouvé dans une rentrée qui, comme conséquence du sinistre, eût été une sorte de réalisation d'un magasin inutile.

On ne dit rien aux actionnaires de l'état de la question en ce qui concerne le *recours des voisins ;* et cependant on avait transigé avec un sieur Gibert moyennant le paiement de 31,619 fr. 76 c., qui lui avait été fait le *20 juin 1867*, et avec la Compagnie l'*Urbaine*, à laquelle on avait payé 35,000 francs le *5 décembre 1867.*

Pour éviter qu'on puisse trouver au bilan la trace du paiement de ces 66,619 fr. 76 c., on les a portés en accroissement d'actif, *en augmentation des immeubles*, c'est-à-dire à un chapitre où ils devaient facilement se confondre dans une grosse somme.

Dans le bilan au 31 décembre 1867, on n'a pas continué la capitalisation des *intérêts de retard* sur les actions, pour augmenter ceux qui avaient été portés à l'actif du bilan au 31 décembre 1866. On n'a pas persévéré dans cette voie : le bilan pouvait être arrêté en bénéfice, avec un reste des *bénéfices fictifs* reportés du bilan antérieur, sans qu'on eût besoin de recourir encore au même artifice.

Comme toujours, l'Assemblée a approuvé les comptes. Elle a confirmé la nomination de M. le BARON TRAVOT.

§ 2. — EMPRUNT DE 100,000 FRANCS A MM. BLOUNT ET Cⁱᵉ LE 14 AVRIL 1868.

Au moment même où les administrateurs se trouvaient en face des actionnaires, ils sortaient à peine d'effroyables embarras, causés par la dernière indemnité de *recours des voisins*, qu'il fallait payer à la Compagnie du *Phénix*. Soit qu'on n'ait pas pu s'entendre avec elle pour une transaction, soit qu'on voulût seulement gagner du temps, on avait soutenu un procès qui s'était terminé par un arrêt de condamnation en date du 13 mars 1868. L'envoi d'un commandement pouvait d'un moment à l'autre culbuter la Compagnie, à l'époque même où l'on élaborait la grande affaire des acquisitions nouvelles.

Les 312,821 francs reçus du Crédit Foncier, le 27 août 1867, avaient été déjà absorbés par les engagements antérieurs de la Compagnie, par le paiement de nouvelles constructions qui étaient indispensables et par l'acquit des deux premières indemnités de recours des voisins.

La situation était extrêmement critique.

Le Conseil s'adresse alors à M. Blount et sollicite de lui l'ouverture d'un crédit de 100,000 francs, qu'il veut bien accorder à raison de 6 °/₀ d'intérêt et de 1/2 °/₀ de commission tous les trois mois, ainsi que le constate la délibération du Conseil en date du *14 avril 1868*.

Pourquoi n'en dit-on rien aux actionnaires? Est-ce parce que ces faits se passant dans le courant de 1868, il n'y a pas lieu d'en parler à propos des comptes de 1867? Mais alors pourquoi dans le même rapport à l'Assemblée générale du 27 août 1868 écrit-on :

« *Qu'il nous soit permis d'anticiper sur l'année 1868 et de vous signaler dès à* « *présent les résultats obtenus depuis ce moment ?* »

Pourquoi n'a-t-on pas usé de la même permission pour parler de l'emprunt de 100,000 francs, aussi bien que des progrès du magasinage?

Serait-ce parce que la signature des actes de vente, qui n'a eu lieu que le 18 août 1868, était encore en suspens à la date du 27 avril 1868, lorsque les actionnaires étaient réunis ?

§ 3. — EXERCICE 1868.

Il en a été rendu compte à l'Assemblée du 27 avril 1869, présidée par M. Blount.

Dans le courant de cet exercice, le Conseil d'administration s'était complété pour la signature des actes du 18 août 1868. Les nouveaux membres sont MM. BOUCARD, GUIDOU, REBOUL et REVIERS DE MAUNY.

En 1868, il n'a été effectué aucun versement sur les *actions en retard*, qui figurent encore à l'actif pour 749,557 fr. 11 c.

L'exploitation à Bordeaux, qui a eu lieu dans les anciens et les nouveaux établissements, a donné 68,582 fr. 04 c. de bénéfices nets, qui ont été presque complètement absorbés par les frais du siége social, puisque le solde créditeur des *Profits et Pertes*, qui était de 48,618 fr. 59 c. au 31 décembre 1867, n'est que de 54,065 fr. 20 c. au 31 décembre 1868.

Pour la première fois depuis l'origine, et quoiqu'il n'en soit guère plus temps, le rapport (*page 12*) fait allusion aux difficultés relatives au paiement des terrains Lalanne dans des termes dont on va juger la clarté et la sincérité :

« *Ainsi que nos précédents rapports* (lesquels ?) *vous en ont déjà rendu compte,* « *notre entreprise a été troublée à ses débuts par des difficultés. Des procès auxquels la* « *Compagnie n'a pas eu à participer autrement que par des oppositions mises entre* « *ses mains, ont cependant gêné la marche régulière de nos affaires, en entravant les* « *versements qui devaient nous être faits.* »

Mais on ne dit absolument rien des pertes occasionnées par l'incendie bien que le *règlement définitif* du recours des voisins ait eu lieu par le dernier paiement relatif à cette affaire, de 59,291 fr. 60 c., effectué au *Phénix le 4 mai 1868*. Quant aux aménagements perdus, les Administrateurs en avaient connu l'importance dès le lendemain de l'incendie, et ils ne l'ont jamais indiquée aux actionnaires.

Cette somme de 59,291 fr. 60 c. a été encore portée à l'actif, *en augmentation des immeubles* de sorte qu'on ne peut pas en trouver la trace au bilan.

On ne dit rien non plus de l'emprunt de 100,000 francs contracté dans le courant de l'exercice, le 14 avril 1868.

Bien entendu, les actionnaires ont encore approuvé les comptes. Ils ont confirmé la nomination des nouveaux administrateurs et réélu M. le Baron Travot et M. Lanseigne dont les fonctions venaient d'expirer.

Pour la première fois cependant, l'approbation des comptes n'a été que *provisoire*, et, conformément à la proposition du Conseil, l'Assemblée en a ajourné l'approbation définitive jusqu'après leur examen par une commission de deux membres qui a été nommée.

§ 4. — Exercice 1869. — Liquidation des pertes causées par l'incendie

Il en a été rendu compte à l'Assemblée du 28 mai 1870, présidée par M. Blount.

Les membres du Conseil sont les mêmes qu'à la réunion précédente, sauf M. Sublet, démissionnaire depuis le 6 mai 1868; il s'était retiré dans des conditions fort honorables et qu'il est inutile de rappeler à certain de ses anciens collègues.

C'est en 1869 que les 100 actions de M. Caperon ont été libérées, *en principal seulement*, par un versement de 45,000 francs; les *versements en retard* se sont trouvés ainsi réduits de 749,557 fr. 11 c. à 704,557 fr. 11 c.

L'exploitation à Bordeaux a donné un bénéfice net de 124,475 fr. 21 c., y compris divers produits accessoires. On voit que l'acquisition des *Magasins de la Gironde* donne de bons résultats.

Malgré les frais du siége social, le compte de profits et pertes, qui était créditeur au 31 décembre 1868 de 54,065 fr. 20 c., devient créditeur de 108,001 fr. 40 c. au 31 décembre 1869.

La satisfaction que ce résultat devait causer aux actionnaires a sans doute engagé les administrateurs à profiter de l'occasion pour leur parler, au moins indirectement, des pertes causées par l'incendie et le rapport dit (*page 13*) :

« *Que diverses charges afférentes aux exercices antérieurs ont été liquidées en 1869,*
« *et qu'enfin, à l'actif du bilan nous avons séparé, pour en faire l'objet d'un compte*
« *spécial à amortir, diverses sommes représentant :*
« *1° Les frais de l'emprunt contracté au Crédit Foncier en 1867 ;*
« *2° Les indemnités de recours des voisins payées à des Compagnies d'assurances*
« *et à des tiers;*
« *3° Des dépenses d'aménagement formant le solde de l'immeuble rive*
« *gauche.* »

On voit bien le *compte à amortir* porté au bilan du 31 décembre 1869 pour 254,734 fr. 46 c.; mais on ne peut pas deviner que cette somme comprend, en dehors de 21,821 fr. 45 c. de frais d'emprunt au Crédit Foncier qui figuraient déjà depuis deux ans à l'actif des bilans antérieurs .

125.911 fr. 36 c. d'indemnités pour *recours des voisins ;*
107.001   95   *aménagements perdus.*

232.913 fr. 31 c. formant le total des pertes causées par l'incendie de 1866.

Est-ce que cette simple passation d'écritures, aussi sommairement expliquée, sans indication de sommes, peut couvrir l'imprévoyance des Administrateurs, par le seul fait que l'approbation du bilan, en bloc, leur donnerait suffisante décharge ?

M. Choppard, l'un des commissaires nommés à l'Assemblée précédente, l'autre ayant décliné la mission qui lui avait été également confiée, a fait un rapport sur la vérification des comptes de 1868. Ce rapport est imprimé à la suite de celui du Conseil et peut se résumer dans l'une des phrases qu'il renferme :

« *Tous les livres et pièces comptables ont été mis à ma disposition; je me suis* « *assuré, par l'examen détaillé des comptes, de la concordance avec le grand-livre* « *des sommes qui figurent au bilan.* »

L'Assemblée approuve définitivement le bilan au 31 décembre 1868, et confirme le mandat donné à M. Choppard pour l'examen des comptes de 1869, en l'autorisant à s'adjoindre une personne même étrangère à la Société; elle autorise le Conseil à vendre les terrains qui ne sont pas nécessaires à l'exploitation du magasinage, et à faire des concessions de rues à la ville de Bordeaux; elle réélit enfin MM. A. Boucard et Guidou.

§ 5. — Exercice 1870. — Portefeuille.

Il en est rendu compte à l'Assemblée générale du 24 août 1871, sous la présidence de M. Gauchier.

Le Conseil est composé comme à l'Assemblée précédente.

En 1870, il a été versé 5,569 fr. 50 c. sur les *actions en retard* dont le montant se trouve réduit de 704,557 fr. 11 c. à 698,987 fr. 61 c.

Malgré les événements, l'exploitation à Bordeaux a donné un bénéfice net de 93,999 fr. 24 c., et tout compte fait des frais généraux du siége social, le solde créditeur des *Profits et Pertes,* qui était de 108,001 fr. 40 c. au 31 décembre 1869, s'élève à 145,971 fr. 98 c. au 31 décembre 1870.

Notre attention est attirée cette fois par le compte *Portefeuille* qui figure au bilan pour 27,532 fr. 68 c.

Nous avions pensé que le portefeuille devait représenter des effets de commerce à recouvrer; depuis l'ouverture de la liquidation, nous avons reconnu que la somme ci-dessus se composait de :

600 fr. » c.	deux billets souscrits par un actionnaire et impayés depuis le 30 novembre 1866;	
6.932 68	représentés par *14 obligations de la Compagnie;*	
20.000 »	représentés par *40 actions de la Compagnie.*	
27.532 fr. 68 c.	Total égal.	

Les 14 obligations sont le reliquat de 26 obligations que la Compagnie aurait été forcée de prendre pour liquider, le moins mal possible, un compte de magasinage avec M. Rivière, l'un des vendeurs du domaine Faugas; la Compagnie a négocié les 12 autres en même temps que celles dont elle disposait.

La question des *40 actions* est plus intéressante. Ces actions proviennent de la liquidation de compte avec MM. Castanet et Ruchon, dont nous avons parlé plus haut. Lorsque la Compagnie a été obligée de payer le 9 décembre 1869, pour le compte de M. Lamarque, les 20,322 fr. 22 c. devant Me Rambaud, notaire à Bordeaux, elle s'est couverte de cette somme, suivant les conventions des 23, 26 et 30 mai 1866, en se faisant remettre 40 actions sur les 200 placées en dépôt chez M. Lespinasse. Ce sont ces titres que l'on fait figurer au bilan pour 20,000 francs sous le titre du *Portefeuille*, sans rien dire aux actionnaires du paiement que l'on a été contraint de faire à MM. Castanet et Ruchon.

Le rapport mentionne l'ajournement du paiement du coupon des obligations, échu le 1er août 1871.

M. Choppard n'a pas pu faire la vérification des comptes dont on l'avait chargé à l'Assemblée précédente.

L'Assemblée approuve les bilans au 31 décembre 1869 et au 31 décembre 1870, et réélit M. BERSON et M. le COMTE DE REVIERS DE MAUNY.

§ 6. — EXERCICE 1871.

Il en est rendu compte à l'Assemblée du 30 mai 1872, présidée par M. Blount.

Le Conseil est composé comme à l'Assemblée précédente.

En 1871, il n'a été fait aucun versement sur *les actions en retard*, dont le montant est encore de 698,987 fr. 61 c.

Malgré le trouble général du pays, l'exploitation à Bordeaux a donné un bénéfice net de 88,783 fr. 76 c. Tout compte fait des frais généraux du siége social, le solde créditeur de *Profits et Pertes*, qui était de 145,971 fr. 98 c. au 31 décembre 1870, s'élève à 180,607 fr. 29 c.

Mais, comme si le Conseil prévoyait déjà que ce serait son dernier compte-rendu, il fait ressortir cette fois, au bilan, que ce solde de 180,607 fr. 29 c. comprend les 84,448 fr. 84 c. *d'intérêts de retard* qui ont été portés à l'actif au 31 décembre 1866 et qui y sont restés depuis lors : le bénéfice se réduit ainsi à 96,154 fr. 45 c.

On aura remarqué que le solde créditeur de Profits et Pertes, porté à chaque bilan, ne représente pas les bénéfices particuliers de l'exercice, et qu'il se confond toujours avec les résultats des exercices précédents. Ainsi, les 96,154 fr. 45 c. représentent la totalité des bénéfices acquis depuis l'origine de la Société jusqu'au 31 décembre 1872.

Le rapport mentionne que la Compagnie a soldé, en deux paiements, le coupon des obligations échu le 1er août 1871, et que le coupon échu le 1er février 1871 reste en souffrance.

Nous avons ajourné, jusqu'à l'examen de ce dernier bilan, l'observation que nous avons à faire à propos des sommes qui ont été successivement portées à l'actif des bilans, depuis celui au 31 décembre 1868, sous le titre de *Frais divers afférents aux nouvelles propriétés*.

Au 31 décembre 1871 ce chapitre s'élève à 439,058 fr. 92 c.

Il ne s'agit pas de dépenses de travaux, car on n'en a exécuté que pour une somme de 1,809 fr. 53 c. qui a été fournie par la caisse de la *Société civile* ; il s'agit des intérêts afférents au prix d'acquisition de ces propriétés, d'abord des trois années d'intérêts capitalisés dans le montant des obligations qui ont été remises aux vendeurs, et ensuite des intérêts payés sur les créances hypothécaires, ou aux obligations avec les fonds de la *Société civile*.

Les 439,058 fr. 92 c. sont une somme à amortir par la revente des terrains.

L'Assemblée a approuvé le bilan au 31 décembre 1871 et réélu MM. DURAND DE BEAUREGARD et GUIDOU.

§ 7. — JETONS DE PRÉSENCE.

Il a été dit dans le rapport présenté à l'Assemblée générale du 30 mai 1872 :

« *Nos frais généraux d'administration ont été réduits aux besoins les plus stricts*
« *et votre Conseil tenant compte, le premier, des nécessités de l'affaire, a prélevé à*
« *peine le 1/8 de l'allocation annuelle que vous avez votée.*

« *A la fin de 1871, l'écart entre la somme fixée par l'Assemblée générale et celle*
« *touchée par le Conseil est de 65,900 francs ronds.* »

Ceci exige une explication.

En effet, les *frais généraux* de 1871 n'ont été chargés que de 3,340 francs, pour
le montant des jetons de présence effectivement *touchés* par les membres du Conseil,
au lieu des 25,000 francs qui leur étaient alloués. Comme pareille chose s'était passée
dans les derniers exercices précédents, l'écart s'est bien élevé à 65,900 francs au 31
décembre 1871.

Nous ne sommes pas disposé à marchander les jetons de présence des
administrateurs, mais quoiqu'il nous répugne d'entrer dans ces misérables détails,
nous nous trouvons forcé de rectifier l'allégation du Conseil.

La première Assemblée de 1864 avait fixé à 25,000 francs les jetons de présence
annuels du Conseil, en faisant remonter libéralement leur allocation au 7 novembre 1862. On peut regretter les frais généraux d'un siége social à Paris, pour une
entreprise dont l'exploitation est à Bordeaux, mais les choses ayant été réglées ainsi
pouvaient s'exécuter selon les conventions.

Ce que nous tenons à constater c'est que les administrateurs n'ont pas aban-
donné une partie de leurs jetons de présence, comme on pourrait le supposer ; ils en
ont simplement *fait crédit* à la Société. Ils ont eu la générosité de ne pas en exiger
le paiement total, lorsque la Compagnie avait bien de la difficulté à faire face à ses
autres engagements ; mais ils ont singulièrement diminué le mérite de cette générosité
par la prudence qu'ils ont eue de se faire créditer des 65,900 francs, afin de pouvoir
les toucher dès que la Société aurait plus de ressources.

A l'aide de ce qu'on appelle une *écriture d'ordre*, on a débité des 65,900 francs
un compte *Allocation du Conseil* par le crédit des *Administrateurs ;* et ces 65,900 francs
ont été ensuite confondus à l'actif et au passif du bilan dans les sommes qui y figurent
sous les titres de *Débiteurs divers* et de *Créditeurs divers.*

Les *frais généraux* des dernières années n'ont réellement pas été chargés de ces
65,900 francs ; mais, plus tard, si les ressources de la Compagnie avaient permis de
solder le crédit des Administrateurs, les exercices suivants eussent supporté cette
somme sans qu'on pût s'en apercevoir davantage, grâce à une nouvelle *écriture d'ordre*
dans le sens contraire.

Les administrateurs comptaient si bien sur la légitimité de cette créance que
M. Gauchier n'a pas craint d'opposer la compensation de ce qu'il croit lui revenir de
ce chef, avec 3,230 fr. 53 c. que la liquidation lui réclame pour intérêts de retard non
liquidés, sur les 25 actions, provenant de M. Caperon, qu'il a libérées en 1869.

§ 8. — FICTIONS D'ÉCRITURES.

Nous avons dû signaler de nombreuses *fictions d'écritures :*

Celle par laquelle on a évité d'attirer l'attention sur la situation de M. Lamarque,
en distrayant du compte *Actions*, au bilan du 31 décembre 1864, le montant de ce qu'il

devait sur ses actions, pour le confondre avec le débit des *Banquiers de la Société ;*

. Celle par laquelle on a pu arriver à solder en bénéfice le bilan du 31 décembre 1866, alors que l'exercice avait donné de la perte, en portant exceptionnellement à l'actif des *intérêts de retard* irrecouvrables ;

Celle par laquelle on a évité d'attirer l'attention sur l'augmentation du prix de revient des terrains Lalanne, en portant aux *Immeubles* les intérêts et les frais occasionnés par le retard des payements ;

Celles par lesquelles on a évité d'attirer l'attention, dans un moment inopportun, sur les conséquences de l'incendie, en portant aux *Immeubles* les sommes payées en 1866 et 1867 pour indemnités de *recours des voisins,* sauf à les en retirer seulement eu 1870 pour les confondre avec d'autres sommes, en les reportant en bloc à un compte de *Dépenses à amortir ;*

Celle par laquelle on a évité d'attirer l'attention sur le paiement fait à Castanet et Ruchon, en portant au *Portefeuille* les 40 actions qu'on avait reçues en contre-partie ;

Celle par laquelle on a ménagé le droit des Administrateurs à des jetons de présence dont ils paraissaient faire l'abandon.

Il est très-vrai que la Compagnie n'ayant jamais distribué de dividendes, ces fictions d'écritures n'ont pas le caractère délictueux que leur donnerait la loi sur les Sociétés ; mais il n'est pas moins vrai que ces fictions d'écritures, et des *réticences* encore plus graves dans les rapports présentés aux Assemblées, ont induit en erreur les actionnaires et les tiers.

Il est possible que si les actionnaires avaient été plus exactement renseignés sur leurs affaires, ils eussent exigé des réformes utiles, exercé immédiatement des recours, et même prononcé plus tôt une liquidation qui eût été moins désastreuse qu'aujourd'hui.

Il est à croire particulièrement que si, lorsqu'ils ont été réunis, le 18 janvier 1868, pour statuer sur les nouvelles acquisitions, ils avaient mieux connu la situation réelle de l'entreprise ; que, s'ils avaient pu soupçonner les embarras qui allaient nécessiter, quelques semaines plus tard, l'emprunt de 100,000 francs du 14 avril 1868, ils n'eussent pas consenti à se lancer dans une opération qui devait être fatalement désastreuse, à cause de l'insuffisance du fonds de roulement.

§ 9. — SITUATION DE LA COMPAGNIE A L'OUVERTURE DE LA LIQUIDATION.

Puisque nous sommes en présence du dernier bilan qui a été dressé par les administrateurs, nous nous y arrêterons encore un instant pour résumer la situation qu'il présente ; cette situation n'a pas été sensiblement modifiée du 31 décembre 1871 au 31 juillet 1872, jour de la mise en liquidation de la Compagnie.

ACTIF

Le seul fait de la *dissolution* de la Société transforme en *perte définitive* 1,050,756 r. 84 c. portés au bilan sous les rubriques suivantes :

356.963 fr. 46 c.	frais de premier établissement ;
254.734	46	compte à amortir ;
439.058	92	frais divers afférents aux nouvelles propriétés.

1.050.756 fr. 84 c. TOTAL ÉGAL.

Les dépenses d'*immobilisations* de toute nature, terrains, constructions, etc., s'élèvent à 5,933,463 fr. 51 c. à leur prix de revient.

Le bilan porte 698,987 fr. 61 c. de *versements en retard* sur les actions, en principal, et 84,448 fr. 84 c. d'*intérêts de retard* réglés au 31 décembre 1866 ; M. Lamarque figure dans la première somme pour 582,625 francs et dans la seconde pour 43,287 fr. 49 c., ensemble 625,912 fr. 49 c. sans compter les intérêts en cours depuis 1866.

Les *valeurs actives de roulement* et les comptes d'ordre s'élèvent à 340,990 fr. 66, c., sous la réserve de ce qui a été dit des valeurs en *portefeuille*.

PASSIF

Les *dettes chirographaires* et les comptes d'ordre s'élèvent à 243,684 fr. 59 c.

Les dettes *hypothécaires* se décomposent comme suit :

Dû au Crédit Foncier sur les anciens établissements . . . . 488.274 fr. 58 c.
Dû sur les Magasins de la Gironde . . . 355.581 »
Dû sur les terrains Faugas. . . . . . . 100.000 »
    ENSEMBLE, en premier rang. . . ——————— 933.855 fr. 58 c.

4,476 obligations émises sur les 7,000 créées, en second rang sur l'ensemble . . . . 2.238.000 »

    TOTAL DES DETTES HYPOTHÉCAIRES. . . . 3.171.855 fr. 58 c.

Nous ne mentionnons le capital-actions de 4,500,000 francs que pour mémoire.

RÉSUMÉ

Les valeurs actives de roulement couvrent les créances ordinaires et le petit excédant sert de fonds de roulement pour la marche des établissements en liquidation.

On se trouve donc en face de 3,171,855 fr. 58 c. de dettes hypothécaires, plus les intérêts des obligations échus depuis le 1er août 1871, à payer avec le produit de la vente des immeubles en adjudication publique. Il est plus que probable que cette réalisation forcée ne produira pas somme suffisante pour couvrir les créances hypothécaires.

On ne pourrait y arriver, et répartir peut-être quelque chose aux actionnaires, que si l'on recouvrait ce que M. Lamarque fait perdre à la Société suivant compte arrêté au 1er août 1873.

842.310 fr. 75 c. principal et intérêts sur 1,487 actions ;
  31.356   04   —   sur les 50 actions Frazer ;
  24.024   76   —   du paiement fait à Castanet et Ruchon le
                     9 décembre 1869.

897.691 fr. 55 c. ENSEMBLE, ainsi que les 232,913 fr. 31 c. perdus dans l'incendie par le défaut d'assurances.

Les liquidateurs se trouvent en présence de l'obligation de réaliser le plus promptement possible les immeubles de la Compagnie, d'une superficie de 268,695m80, en un seul tenant.

Si l'on en distrait environ 60,000 mètres qui comprendraient les constructions, les voies ferrées et des espaces suffisants pour les accroissements du magasinage, on peut constituer un établissement important dont il eût été sans doute facile de tirer bon parti en d'autres temps, et autrement que par une vente forcée.

Il y aura à revendre encore plus de 200,000 mètres de *terrains vagues*, d'un seul tenant, sur lesquels la Compagnie n'a pas fait les travaux de viabilité qui devaient les lotir et les mettre en valeur ; il n'aurait fallu cependant dépenser que 240,000 francs, au plus, pour exécuter complétement des plans arrêtés d'accord avec la municipalité de Bordeaux. Que produiront ces terrains vendus, aujourd'hui, en adjudication publique et par gros lots?

Les dettes hypothécaires, seulement, s'élèvent à 3,171,855 fr. 58 c. !

Chapitre VIII. — **Assemblée générale extraordinaire du 31 Juillet 1872 qui a prononcé la dissolution et la mise en liquidation de la Compagnie.**

Avec beaucoup de peine la Compagnie était parvenue à payer, en deux appoints, le coupon numéro 6 des obligations, échu le 1ᵉʳ août 1871.

Elle laissa en souffrance le coupon numéro 7, échu le 1ᵉʳ février 1872, et elle ne vit pas la possibilité de le payer dans un temps plus ou moins prochain.

Les Administrateurs de la *Société civile* firent une signification à la Compagnie pour la prévenir qu'ils étaient disposés à faire valoir leurs droits. Et puis, l'un des créanciers obligataires avait obtenu un jugement qui le mettait à même d'exiger le paiement des coupons dont il était porteur.

Dans ces circonstances, le Conseil se décida à réunir les Actionnaires en Assemblée générale extraordinaire, conformément à l'article 47 des statuts.

Cette Assemblée eut lieu le 31 juillet 1872 sous la présidence de M. Blount.

29 actionnaires y étaient présents et représentaient 2,213 actions qui donnaient droit à 159 voix.

Le rapport du Conseil expose les circonstances sous la pression desquelles la convocation a eu lieu; il constate que le coupon numéro 7, échu le 1ᵉʳ février 1872, n'a pas pu être payé et que l'on ne pourra pas payer non plus le coupon numéro 8 qui va échoir le lendemain 1ᵉʳ août. Il parle des difficultés que l'on a rencontrées pour arriver à un accord avec la municipalité de Bordeaux, au sujet du tracé des voies qui devaient permettre le lotissement des terrains, des obstacles que la guerre a apportés à leur revente, et de la déception que le Conseil a éprouvée pour le placement des obligations dont le produit était destiné à l'exécution des travaux. Il dit textuellement :

« *Malgré les sommes considérables dues à la Compagnie pour retard sur actions,*
« *lesquelles s'élèvent à 698,000 francs et dont le défaut de versement fut la cause de*
« *notre emprunt au Crédit Foncier et la source de nos embarras, nous ne nous atten-*
« *dions certes pas, en 1870, avant la fatale guerre qui a détruit les espérances que*
« *nous fondions à juste titre sur l'avenir de notre entreprise, que nous serions, deux*
« *années plus tard, dans la triste nécessité de vous convoquer pour délibérer sur la*
« *détermination que nous allons vous proposer* (1). »

---

(1) L'aveu serait complet si le nom de M. Lamarque était prononcé,

En résumant la situation financière, le rapport établit que la Compagnie succombe parce qu'elle est en présence d'une charge de 164,800 francs d'intérêts annuels auxquels elle ne peut pas faire face avec le seul produit de l'exploitation du magasinage.

Le rapport conclut ainsi :

« *La solution ne saurait être douteuse. La Compagnie, placée dans l'impossibilité « d'une exploitation normale, doit aller au-devant de la liquidation judiciaire dont « elle est menacée.*

« *Le devoir de vos Administrateurs est de vous demander de déclarer vous-mêmes « la dissolution de la Société et d'en organiser la liquidation.* »

Dans la discussion qui a eu lieu, plusieurs actionnaires fort importants ont déclaré se désintéresser de la question, attendu qu'il paraissait, d'après la situation de la Compagnie, que l'intérêt des créanciers obligataires était seul en jeu.

Un actionnaire, qui était en même temps le plus fort créancier, a exprimé l'opinion qu'une liquidation amiable serait préférable pour tout le monde, et qu'il vaudrait mieux que le Conseil se chargeât de la faire lui-même, après s'être entendu avec les obligataires, qui accorderaient sans doute les délais nécessaires.

L'Assemblée a voté ensuite les deux résolutions suivantes :

PREMIÈRE RÉSOLUTION

L'Assemblée générale ayant pris connaissance de la situation financière de la Compagnie, et convaincue de l'impossibilité de prolonger utilement l'exploitation des Magasins Généraux, déclare prononcer la dissolution de la COMPAGNIE ANONYME DE MAGASINS PUBLICS ET GÉNÉRAUX A BORDEAUX, *à dater de ce jour*.

DEUXIÈME RÉSOLUTION

L'Assemblée décide qu'il sera adressé requête au président du Tribunal pour qu'il nomme un ou plusieurs liquidateurs.

La première résolution a été votée par 24 membres, représentant 1,625 actions et 109 voix ; quatre actionnaires se sont abstenus et un autre avait quitté la réunion.

La deuxième résolution a été votée à l'unanimité, moins un actionnaire qui s'est abstenu.

Un actionnaire a assigné les Administrateurs devant le Tribunal de Commerce de la Seine, pour faire déclarer de nouveau, en tant que de besoin, la Société dissoute, et voir dire qu'il serait procédé à la liquidation par les personnes qu'il plairait au Tribunal de désigner.

Le Tribunal de Commerce, par jugement en date du 21 août 1872, a déclaré la Société dissoute et nommé liquidateurs : MM. HAROUEL, WEIPERT et VOISE.

Sans nous arrêter au caractère regrettable de la spéculation qui a été faite sur les terrains Brustis, et que les Administrateurs fondateurs de la Compagnie des Magasins Généraux ont favorisée ; sans insister sur le plus ou moins de régularité de la constitution sociale, ni sur les agissements que nous avons signalés dans l'historique qui précède, nous croyons qu'il est maintenant surabondamment démontré que la ruine de la Société a eu deux causes directes, immédiates, incontestables :

Le défaut de versement sur les actions que M. Lamarque avait souscrites ou cautionnées ;

La perte résultant de l'incendie des magasins de la rue Foy.

Il ressort également de l'exposé des faits :

1° Que, d'accord avec les Administrateurs, la souscription de M. Lamarque a été fictive ; que les Administrateurs se sont laissé entraîner ensuite à avoir pour lui des complaisances contraires aux statuts ; qu'ils ont constamment caché sa situation aux actionnaires ainsi que les conventions particulières qu'ils faisaient avec lui ; et qu'enfin c'est par leur faute que la Compagnie a perdu ce qui est dû par M. Lamarque ;

2° Que la perte résultant de l'incendie provient du fait des Administrateurs, qui ont eu l'imprévoyance de ne pas faire les assurances nécessaires ; que cette imprévoyance est d'autant plus impardonnable que les fonctions des Administrateurs d'une entreprise de magasinage se limitent, en quelque sorte, à la bonne garde des dépôts et à l'assurance des locaux et des marchandises ;

3° Que les rapports et bilans présentés par les Administrateurs, particulièrement ceux qu'ils ont présentés à l'Assemblée du 29 mai 1867 pour expliquer la situation de la Compagnie au 31 décembre 1866, induisaient en erreur les actionnaires et les tiers.

R. WEIPERT,

12, rue Saint-Hyacinthe-Saint-Honoré

8616. — Paris. — Imprimerie Vᵉ Éthiou-Pérou, rue Damiette, 2 et 4.

www.ingramcontent.com/pod-product-compliance
Lightning Source LLC
LaVergne TN
LVHW022035080426
835513LV00009B/1059